A fórmula de MILHÕES

CARO(A) LEITOR(A),
Queremos saber sua opinião sobre nossos livros.
Após a leitura, siga-nos no
linkedin.com/company/editora-gente,
no TikTok **@editoragente** e no Instagram
@editoragente e visite-nos no site
www.editoragente.com.br. Cadastre-se e
contribua com sugestões, críticas ou elogios.

ALAN SPADONE

A fórmula de MI LHÕES

Como construir um **ecossistema multimilionário** começando com apenas 10 reais

Diretora
Rosely Boschini

Gerente Editorial Sênior
Rosângela de Araujo Pinheiro Barbosa

Editora Júnior
Natália Domene Alcaide

Assistente Editorial
Mariá Moritz Tomazoni

Produção Gráfica
Fábio Esteves

Preparação
Gabrielle Carvalho

Capa
Lucas Adam

Projeto Gráfico e Diagramação
Marcela Badolatto

Revisão
Wélida Muniz
Andresa Vidal

Impressão
Edições Loyola

Copyright © 2024 by Alan Spadone
Todos os direitos desta edição são reservados à Editora Gente.
Rua Natingui, 379 – Vila Madalena
São Paulo, SP – CEP 05443-000
Telefone: (11) 3670-2500
Site: www.editoragente.com.br
E-mail: gente@editoragente.com.br

DADOS INTERNACIONAIS DE CATALOGAÇÃO NA PUBLICAÇÃO (CIP)
Angélica Ilacqua CRB-8/7057

Spadone, Alan
  A fórmula de milhões : como construir um ecossistema multimilionário começando com apenas 10 reais/ Alan Spadone. -- São Paulo : Editora Gente, 2024.
  176 p.
  ISBN 978-65-5544-381-3

1. Negócios 2. Sucesso nos negócios 3. Empreendedorismo I. Título

23-6641   CDD 650.1

Índice para catálogo sistemático:
1. Negócios

NOTA DA PUBLISHER

Para os empreendedores iniciantes, a tarefa de escalar o negócio, transformando-o de uma visão promissora para uma realidade próspera, é um grande quebra-cabeça cheio de dúvidas, incertezas e muitos desafios. Posicionar-se frente a concorrência, sobretudo com os recursos normalmente limitados do começo, são apenas alguns dos elementos que compõem esse desafio complexo. E, muitas vezes por falta de orientação, essas novas empresas perdem grandes oportunidades e não conseguem crescer.

O próprio Alan Spadone enfrentou todos esses desafios, e é prova de que dar certo não tem a ver com sorte, mas com dedicação e muito conhecimento. Ele, que passou grande parte da sua vida de empresário dedicando-se a aprender tudo o que precisava para fazer seu negócio crescer e prosperar – gestão, vendas, liderança, governança, eventos e o que quer que fosse –, encontrou na educação o seu norte. Com todo o conhecimento que acumulou, transformou-se em professor, mentor, escola, e sua maior motivação está em ajudar outros empreendedores a transformarem seus negócios em verdadeiros impérios.

A jornada empreendedora do Alan é inspiradora e serve de base para o conteúdo deste seu novo livro. Aqui, ele apresenta de maneira muito didática o conjunto de todo o conhecimento necessário para que o empreendedor consiga desenvolver e expandir seu negócio. Um verdadeiro guia abrangente e indispensável para todos que têm ou pretendem criar um negócio escalável e milionário.

Com uma voz autêntica e respeitada no mundo dos negócios, Alan compartilha insights estratégicos, dicas práticas e valiosas lições aprendidas. Neste livro, ele ocupa o papel de um companheiro de confiança, seja você um empresário experiente ou alguém que está começando agora. Que estas páginas se tornem um mapa para uma jornada empresarial vibrante e próspera.

Boa leitura!

Rosely Boschini
CEO e Publisher da Editora Gente

*Eu dedico este livro a todos aqueles que decidiram praticar um dos esportes mais radicais, na minha opinião: empreender.
Não desista! Afinal, cada "não" significa que você está mais perto de um "sim".
A jornada do empresário está ligada a seguir em frente, sejam as condições favoráveis ou não.
Nós caminhamos por decisão.
Seguramente, aquele que chegou ao topo não é o melhor nem o mais inteligente, mas, sim, aquele que resistiu diante das adversidades.*

Agora, vai lá e faz acontecer!

AGRADECIMENTOS

Começo expressando minha profunda gratidão à minha esposa, Marcela Spadone, a pessoa mais importante da minha vida. Ela esteve ao meu lado desde o início, antes mesmo da criação de qualquer ecossistema, seja no âmbito empresarial ou familiar. Ela tem sido minha mentora, amiga e voz da razão. Principalmente nos momentos em que eu estava envolvido pelas emoções, ela me trouxe racionalidade e perspectiva.

Em segundo lugar, gostaria de agradecer aos meus filhos, João e Mariah. Eles são meu combustível para fazer o que precisa ser feito. São os maiores presentes que já recebi na vida. Além disso, compreendo que estou construindo algo a que eles poderão dar continuidade. É minha responsabilidade e meu propósito prepará-los para enfrentar os desafios do mundo. Sou imensamente grato pelo estímulo que eles me proporcionam.

Em terceiro lugar, gostaria de expressar minha gratidão aos meus colaboradores. Eles são o meu exército. É impossível vencer uma guerra sozinho. É impossível governar sozinho. Essas pessoas são mais do que simples funcionários, elas compartilham do mesmo ideal, do mesmo propósito e da mesma causa. Sou grato por todos os colaboradores desse grupo.

Também sou grato aos amigos que sempre fizeram parte da minha trajetória, e não posso deixar de expressar minha gratidão pelas dificuldades e barreiras que encontrei pelo caminho. Embora, no momento, desejemos evitá-las, são essas experiências que nos fortalecem. Sou grato pelos momentos de dificuldade e superação que me moldaram como pessoa e empreendedor.

Por fim, quero agradecer a Deus. Nada disso seria possível sem Ele. Compreendo que tudo é por Ele e para Ele. Um ecossistema não é criado apenas para gerar lucro, e sim para ajudar as pessoas a se tornarem melhores e para promover um Brasil e um mundo melhores por meio do empreendedorismo. Quanto mais acreditei em Deus, mais as coisas se alinharam para dar certo. Ele é o arquiteto deste ecossistema, e eu me considero apenas o administrador do que já foi construído.

SUMÁRIO

PREFÁCIO DE JOSÉ CARLOS SEMENZATO 11

INTRODUÇÃO 13

CAPÍTULO 1 – O QUE É UMA FÓRMULA? 19

CAPÍTULO 2 – DECIDA DAR CERTO 38

CAPÍTULO 3 – PREPARANDO-SE PARA A DECOLAGEM 54

CAPÍTULO 4 – VENDAS E LIDERANÇA HEGEMÔNICA 64

CAPÍTULO 5 – GESTÃO E CULTURA: O DIAMANTE QUE É LAPIDADO PELA PRESSÃO DA LIDERANÇA 88

CAPÍTULO 6 – METODOLOGIA DE ENSINO E ASCENSÃO ... 103

CAPÍTULO 7 – GOVERNANÇA MUNDIAL EM MARKETING .. 114

CAPÍTULO 8 – LANÇAMENTO: ENTREGANDO PARA O MUNDO A SUA SOLUÇÃO 126

CAPÍTULO 9 – CRIAÇÃO DE EVENTOS: 3PS E 2DS DOS EVENTOS 144

CAPÍTULO 10 – CONSIDERAÇÕES PARA A PRÓXIMA ESTAÇÃO DA SUA VIDA 158

CAPÍTULO 11 – FAÇA ACONTECER 165

CAPÍTULO EXTRA – O PODER DAS FRANQUIAS 170

PREFÁCIO

Caro leitor, é com grande prazer que me dirijo a você para apresentar um livro que certamente irá transformar a maneira como você encara o empreendedorismo e os negócios. *A fórmula de milhões: como construir um ecossistema milionário começando com apenas 10 reais*, de autoria do extraordinário Alan Spadone, é uma obra que reflete o espírito empreendedor e a busca incansável pelo sucesso que tanto admiro.

Ao longo dos anos, tenho tido a oportunidade de conhecer e trabalhar com inúmeros empreendedores talentosos, mas poucos se destacaram como Spadone. Seu perfil profissional e sua trajetória inspiradora são dignos de admiração. Assim como eu, ele entende que o empreendedorismo não conhece limites e que qualquer pessoa, independentemente de seu ponto de partida, pode alcançar o sucesso.

Um mestre na arte de transformar sonhos em realidade, Spadone começou sua jornada empreendedora com apenas 10 reais – sim, 10 reais. Uma cifra modesta para muitos, mas que ele soube multiplicar e fazer crescer exponencialmente. Sua história me lembra as minhas próprias origens humildes, quando, ainda criança, de bicicleta, eu vendia coxinhas de frango preparadas por minha mãe, em Lins.

Assim como eu, Spadone compreende que o segredo do sucesso não está apenas na visão de negócios, mas na determinação, na paixão e no comprometimento com um objetivo maior.

A fórmula de milhões é um guia prático e inspirador para aqueles que desejam construir um ecossistema milionário a partir de recursos limitados. Spadone compartilha não apenas sua história pessoal de superação, mas também estratégias e insights que podem ser aplicados por qualquer empreendedor determinado a alcançar o sucesso financeiro e pessoal.

Neste livro, você encontrará não apenas teorias, mas exemplos reais e passos práticos para trilhar o caminho da prosperidade. O autor nos mostra que não importa de onde você começa, o que faz a diferença é a determinação para seguir em frente, aprender com os desafios e nunca desistir.

Com sua experiência e visão de negócios, Spadone nos presenteia com um manual para a construção de impérios, independentemente do ponto de partida. Prepare-se para ser inspirado e capacitado a trilhar sua própria jornada rumo ao sucesso financeiro. Afinal, como empreendedores, sabemos que o único limite que existe é o que impomos a nós mesmos.

Desejo a você uma leitura transformadora e inspiradora. Que as palavras e os ensinamentos desta obra o guiem na jornada em direção à realização de seus sonhos e à construção de um ecossistema milionário.

José Carlos Semenzato
Presidente do Conselho da SMZTO Franquias

INTRODUÇÃO

Sou apaixonado por ensinar às pessoas o caminho das pedras quando o assunto é negócios. Essa paixão se traduziu em números: ao longo da minha carreira como empreendedor, já palestrei em mais de vinte países, formando mais de cem mil pessoas presencialmente. Palestras são ótimas ferramentas de transformação, mas têm um único defeito: para serem bem-sucedidas, é preciso oferecer recortes do conteúdo.

Afinal, o pessoal está ali por uma hora, no máximo duas, ou, se der sorte, para um workshop de um dia. Apenas um curso longo poderia dar acesso ao conhecimento mais completo sobre ter um negócio e fazê-lo prosperar. Isso significa que a pergunta que eu mais recebo depois de uma palestra vai sempre na linha de: "Tá, já deu para entender tudo o que é importante, mas agora onde eu posso encontrar o 'como fazer' de tudo isso? Tudo mesmo: gestão, vendas, treinamento, contratação, estratégia…".

Parece que, com uma palestra, é possível entregar algo valioso, mas fica faltando o "tudo", a profundidade, aquele conhecimento que todos que têm um negócio ficam ávidos para absorver, que literalmente tira o sono do empresário por ser tão urgente em um mercado tão competitivo como o de hoje.

É por isso que existe este livro: para entregar o "tudo".

Você não leu errado. Meu maior propósito com esta obra é que você tenha um raio-X de tudo que precisa ser feito para um negócio dar certo. Mas é **tudo mesmo**. Essa é a minha proposta de disrupção aqui.

Quando respondo para as pessoas que estou escrevendo um livro com **tudo** o que elas precisam saber, a descrença é enorme. Fomos condicionados a pegar apenas recortes nos livros de negócios, porque o empreendedorismo é complexo, e mesmo um assunto simples, como fazer reuniões mais efetivas, conta com livros e mais livros dedicados ao tema. Imagine, então, para financeiro, vendas, marketing... Com tanta informação, ninguém mais tem coragem de propor oferecer tudo para o cliente. Mas é justamente esse o compromisso que estou firmando aqui com você, leitor.

E por que não criar um livro que tenha tudo? Este é o meu quarto livro e, assim como todos os outros, é dedicado às pessoas que estão lutando para fazer seu nome no mundo e criar negócios sólidos e lucrativos. Eu, que comecei meu negócio com uma pinça de 10 reais, entendo essa angústia. Foram muitas as portas fechadas e as dificuldades que me levaram a empreender. Minha jornada começa em um trabalho no qual eu não era feliz, com uma dúvida constante: será que fiz a escolha certa?

Penso sempre em quantas coisas precisei aprender no erro, perdendo muito, e que gostaria que alguém tivesse me ensinado. Sinto um chamado muito especial para ser na vida de quem está chegando agora, essa pessoa que faltou para mim, por isso me dedico a desenvolver cursos, mentorias e, agora, este livro.

Hoje, minha empresa é um ecossistema. Oferecemos desde procedimentos e produtos próprios a cursos. Mas esse império começou com uma única pinça e muita observação, leitura da realidade e disciplina para executar as ideias. Quando se fala em negócio, a maioria das pessoas está procurando apenas o ganho financeiro, e ainda não se deu conta do impacto de fazer aquilo de que gosta, de se encontrar, de trabalhar por um propósito. Essa foi a minha maior motivação para buscar a mudança, a transição de carreira – e estudar a fundo cada passo que tornaria essa transformação possível.

Posso dizer com tranquilidade que a educação mudou a minha vida. Foi por muito estudar e sempre buscar aprender, com muita humildade, que cheguei onde estou hoje. Infelizmente, percebo que o que mais falta na vida dos empreendedores é justamente isso. E este livro vem para sanar essa falta.

PARA QUEM É ESTE LIVRO?

Meu maior público são as mulheres. Porque elas são muitas vezes catapultadas para fora do mercado de trabalho e saem com a cara e a coragem para empreender – mas sem o preparo de que precisam. É evidente que grande parte delas enfrenta um cenário de solidão ao cuidar dos filhos, das tarefas domésticas, das despesas, da criação e da necessidade de sustento, além de gerenciar inúmeras outras responsabilidades enquanto buscam a autorrealização. As mulheres jamais deveriam ser rotuladas como o "sexo frágil". Na verdade, elas mostram força e resiliência ao enfrentar tudo e ainda suportar em silêncio.

O que a maioria das mulheres representa hoje é o impacto que busco abordar em minha fórmula, e eu trabalho para que ela se aplique tanto às empreendedoras urbanas quanto aos multimilionários. Mas a grande inspiração para tudo que vem aí são elas, que fazem os nossos cursos, começam um negócio com apenas um certificado da Alan Spadone e muita coragem. Os processos pensados aqui são os que permitem que essas mulheres desenvolvam produtos, implementem estratégias de vendas e adotem processos de gestão que possibilitam a geração de renda em suas casas. É muito gratificante observar que, em pouco tempo, elas conseguem colocar essas práticas em ação sem comprometer a própria família.

Embora a maioria do meu público seja composto por mulheres, este livro não é apenas para elas, pois sei que também há homens matando um leão por dia para manter seus negócios abertos, ou mesmo juntando forças para começar um – e isso nos mais diversos setores.

Então, convido você – homem ou mulher – que está em qualquer fase do negócio, a conhecer este manual com tudo o que o empreendedor precisa saber e desenvolver para escalar seu negócio. Não importa se a sua empresa ainda é uma ideia ou se já fatura milhões, mas poderia faturar muito mais.

Aproveito para esclarecer que este livro é para empreendedores ou pessoas que desejam empreender, mas não tenho nada contra você ter um emprego, ser colaborador. Eu mesmo trabalhei por mais de dez anos como colaborador da indústria farmacêutica e cosmética no departamento de marketing, e não vejo problema algum em trabalhar para outra pessoa – isso também permite um bom crescimento e desenvolvimento. No entanto, na minha história, chegou um momento em que, mesmo ganhando bem e estando financeiramente estável, eu não estava feliz com o que fazia. Sentia que precisava de algo maior. O empreendedorismo fez meus olhos brilharem, e tanto estudei o assunto que consegui finalmente ficar

Foram muitas as portas fechadas e as dificuldades que me levaram a empreender.

@alanspadone

satisfeito com a minha carreira e desenvolver *A fórmula de milhões*, que agora pretendo ensinar para todos os empreendedores.

Neste livro, vou apresentar quatro princípios e seis pilares para qualquer empresa prosperar, com um passo a passo para que você estruture sua operação, oriente a equipe e faça o que precisa ser feito, desde os pequenos detalhes até a visão estratégica geral. Sim, é tudo mesmo. Porque se tem algo que eu aprendi ao longo dessa jornada é que, muitas vezes, saber fazer o básico muda tudo, principalmente se o fizer bem-feito e com dinamismo.

Juntos, vamos conversar sobre como equilibrar KPIs (os índices de performance do seu negócio), procedimentos de qualidade, liderança e muito mais. Espero que este livro se torne uma bíblia para qualquer empresário e que seja indicado para pessoas que estão na luta por seus negócios próprios, que ele seja uma obra que as ajude a decifrar o que precisa ser feito no meio desse mar de informação em que vivemos hoje.

Se você quer a mudança, seja a mudança. Mas, para alcançá-la, é necessário estratégia e ter a informação certa nas mãos. E é para esta jornada que eu convido você agora: quero caminhar ao seu lado no caminho das pedras, para que você entenda como superar cada uma delas. Dar certo é decisão!

CAPÍTULO 1

O que é uma fórmula?

Você saberia responder, assim, de prontidão, o que é uma fórmula? Uma fórmula é uma ferramenta poderosa para chegar a um resultado específico. É uma expressão concisa e clara, feita de símbolos que descrevem relações de quantidades, com o poder de condensar dados. É a indicação de como fazer algo do jeito mais simples, mais estratégico, mais certeiro possível. Como uma receita, ela contém todos os ingredientes necessários e o passo a passo minucioso para que a combinação desses ingredientes se transforme no produto final.

Pense bem, o que seria da Coca-Cola sem a sua fórmula ultrassecreta? E quem teria acesso a esse segredo? O que torna alguém digno de acessar tal informação confidencial? Mas, além da fórmula secreta dessa bebida tão adorada, a Coca-Cola também tem uma fórmula imbatível para a gestão, operação, marketing, distribuição e **tudo** o que faz dela a líder no ranking de marcas mais consumidas do mundo.[1] E essa é outra fórmula que muitas empresas tentam copiar.

"A fórmula" se tornou o título deste livro porque encontrar uma que sirva para qualquer pessoa que quer empreender

---

1. PEZZOTTI, R. Coca-Cola lidera ranking de marcas mais consumidas do mundo; veja o top 10. **Uol**, 26 maio 2022. Disponível em: https://economia.uol.com.br/noticias/redacao/2022/05/26/coca-cola-lidera-ranking-de-marcas-mais-consumidas-do-mundo-veja-o-top-10.htm. Acesso em: 8 dez. 2023.

é a minha obsessão. Todo o conteúdo que você encontrará aqui foi pensado para passar para você a fórmula do sucesso. Sim, ela existe! Os princípios, os símbolos, os dados condensados aqui são direcionamentos previamente testados e validados.

O intuito de toda fórmula é fazer com que economizemos tempo, dinheiro, energia e evitemos estresses desnecessários, porque se alguém já foi lá e fez, só precisamos seguir a receita. Talvez você esteja segurando este livro, prestes a iniciar sua jornada rumo ao seu primeiro milhão, seus primeiros milhões ou até mesmo seu primeiro bilhão. Por meio das minhas comprovações, convicções e da fórmula que apresento aqui, é possível atingir resultados inimagináveis, justamente por ser um conjunto de princípios e diretrizes adaptáveis à sua realidade. Independentemente do empreendimento que você tenha ou esteja prestes a iniciar, as diretrizes aqui expostas podem ser aplicadas e moldadas para caberem no seu negócio e no seu dia a dia.

Frequentemente recebo mensagens de pessoas com problemas nas suas empresas. Cada uma com uma dificuldade específica: vendas, estoque, financeiro, equipe... Todas parecem estar diante do enigma da esfinge. Mas, para mim, o problema é óbvio, e o mesmo para todos. É uma síndrome muito comum que atinge empresários de qualquer porte. E quanto mais tempo demoram para perceber o que está acontecendo, mais dinheiro do negócio essa síndrome leva embora.

Sabe aquela sensação de que você trabalha todos os dias só para ter de trabalhar ainda mais? Passa os meses sempre naquela correria para bater meta, e não existe uma única semana fácil, mas, ao mesmo tempo, você não sente que fez grande coisa ao final do ano? É a síndrome do empresário seca-gelo. Essa sensação é tão comum que todos os dias eu sou abordado por algum empresário seca-gelo perguntando-me como eu fiz para escalar meus negócios, ter tempo com a minha família e, ainda, conseguir abrir mais operações. Para ficar mais didático, vou descrever um caso que demonstra como a maioria dos seca-gelo vive. Para não expor ninguém, vamos dar um nome fictício a essa pessoa – mas pode ter certeza de que ela existe.

André é um cara extremamente competente, sempre foi muito aplicado nos estudos, entrou no mercado de trabalho ainda na faculdade e, depois de muitos anos no mercado financeiro, conseguiu uma boa negociação para sair da empresa. Ele pegou o dinheiro da rescisão, juntou com suas economias, e abriu um negócio de painéis solares que está indo muito bem. Ele se especializou em instalações domésticas, tornou-se o fornecedor número um da sua cidade, criou alguns cursos on-line para formar outros profissionais que vendem e instalam os painéis em outras cidades.

A história de André seria uma mega-história de sucesso – afinal, ele enxergou um nicho e trabalhou nele até conseguir ser um destaque no mercado em menos de dois anos. Mas não é. André só seria um sucesso, de fato, se conseguisse ter um único dia de folga, ou pelo menos, uma folga financeira nas contas da empresa.

O negócio fatura muito, mas depende dele 24 horas por dia, sete dias por semana. Todas as vezes em que André tenta se afastar um pouco, tudo desanda. Ele já recebeu ligações no final de semana, feriados, férias, eventos familiares – e até quando seu segundo filho estava nascendo – sempre com alguma emergência: uma instalação malsucedida, um técnico atrasado ou um fornecedor cobrando pagamento de insumos. E apesar de estar ganhando dinheiro, ele sente que não está ganhando o suficiente para valer todo esse sacrifício.

Se você quer a mudança, seja a mudança.

@alanspadone

Ele sabe que sua empresa tem potencial para ser muito maior, mas com tanta atenção que precisa dar ao dia a dia do negócio para não deixar a peteca cair, não consegue pensar em estratégia. Ele também não tem tempo para acompanhar as tendências do mercado, e sua visão fica cada vez mais estreita. Sonha em transformar sua marca em uma rede de franquias, em ter um centro de treinamento técnico, certificações on-line para instaladores, mas não consegue tirar nada do papel. Está sempre cuidando da próxima emergência e garantindo que a empresa bata a meta mínima do mês.

André é um nome fictício, mas o problema dele é muito real. Todo empresário passa por uma fase inicial que pode ser chamada de "empresário seca-gelo", principalmente se não tiver herdado uma empresa com toda a estrutura pronta. É como se enfrentasse um deserto árido, onde as oportunidades são escassas. Infelizmente, eu percebo que a maioria dos empresários fica presa nessa primeira fase e nunca alcança a seguinte.

Quando comecei a trabalhar, como cabeleireiro, estava indo bem, a agenda ficava cada vez mais cheia, e eu entendi que, quando estivesse totalmente ocupada, só teria duas formas de aumentar o faturamento: ou aumentava o valor que cobrava, ou eu treinaria uma pessoa para que ela começasse a atender junto comigo. Ela ganharia pelo serviço, e eu poderia ficar com uma comissão sobre o trabalho dela. Este é o fim da primeira fase, do seca-gelo: quando você percebe que fazer o operacional para sempre não funciona.

Por um período, todo empresário precisa assumir o operacional. Primeiro, porque ele ainda não tem recursos para contratar pessoas, e, segundo, porque está construindo a cultura daquela empresa, o DNA do negócio. Fazer quase tudo na empresa é uma fase inicial e fundamental, pois contribui para o desenvolvimento do caráter, da humildade e para um amplo conhecimento de todas as etapas do negócio. Porém, para que a empresa possa crescer, esse empresário precisa se dedicar à estratégia e contratar alguém que possa assumir a operação no lugar dele.

Durante um bom tempo, eu mesmo fiz minha marca, meu logo, meus cartões e tudo da empresa. Depois de um tempo, percebi que seria muito mais útil atuando com a minha expertise, como professor e profissional. Sempre haverá alguém para você treinar e remunerar para executar uma tarefa operacional, e isso permitirá que você desenvolva a estratégia do negócio.

No entanto, alguns não conseguem passar do estágio inicial de "faz-tudo", porque encontram obstáculos, crenças limitantes, falta de habilidades ou mesmo falta de conhecimento. Esses empresários estão, na verdade, em um autoemprego, mas com a vaidade de se denominarem empresários. Trabalham mais do que um funcionário registrado e, quando precisam se ausentar da empresa, mesmo que por meio período, as coisas começam a dar errado rapidamente – se fazem tudo, nada funciona sem eles. Isso os impede de desfrutar de momentos de lazer, sejam viagens em família, ou simples momentos de comunhão, como um almoço. Estão presos ao negócio, sempre com a necessidade de justificar para o cônjuge que precisam trabalhar porque tudo depende deles.

Afirmo com convicção que enfrentar essa jornada sozinho é cansativo, difícil e pode gerar tensões na família – e não devemos ignorar que uma pessoa de sucesso só tem sucesso de fato com o apoio da sua família. Observo muitos pais, mães, filhos, todos eles privados de momentos preciosos porque estão esperando a atenção de uma pessoa que está constantemente em busca da tal fórmula. Tenha em mente que o verdadeiro objetivo deve ser a liberdade financeira. O empreendimento de sucesso é aquele que lhe permite viver plenamente e aproveitar todas as áreas da sua vida, e não aquele que só traz resultados financeiros, prendendo-lhe a uma vida que se resume a trabalho.

Consegue perceber o real problema de ser um empresário seca-gelo? É que você não consegue alcançar essa verdadeira liberdade financeira – mesmo que, como o André, você tenha um bom faturamento. E essa busca incessante de recursos diários para cobrir as contas do mês só pode ser transformada com estratégia, com a criação de outras frentes de atuação.

O crescimento do negócio exige que o empresário forme outras pessoas responsáveis pelas áreas-chave da empresa, que devem ser cuidadosamente monitoradas dentro de um organograma empresarial e de uma estratégia de criação de novas frentes para a empresa. Ou seja, exige a composição de um ecossistema. Essa abordagem permite que as diversas áreas da empresa funcionem harmonicamente, formando uma governança bem-estruturada.

Ao expandir o negócio, mais pessoas são empregadas e remuneradas, e o empresário sai da posição de escassez, da fase de "seca-gelo", e abre caminho para uma realidade mais próspera e sustentável. Isso é totalmente possível quando são estabelecidas as bases de uma empresa sólida, que não depende apenas do trabalho árduo de um único indivíduo, mas que se fortalece com a cooperação e o crescimento coletivo.

Falando assim parece fácil, não é? Mas não se preocupe, vamos destrinchar todas as etapas para que esse processo dê certo. Antes, porém, precisamos enfrentar algumas duras verdades.

TRÊS ERROS QUE A MAIORIA DOS EMPREENDEDORES NÃO PERCEBE QUE COMETE

O erro primordial de um seca-gelo – e, para mim, o mais absurdo – é não dar importância ao time: não oferece formação, não dá autonomia, para, no futuro, monitorar apenas o necessário. Entenda: tudo o que um dono de negócio quiser fazer vai depender dessa equipe e do quanto ela compra a sua ideia. Se eu consegui começar com uma pinça de sobrancelhas e alcancei um negócio que fatura milhões, é porque tinha um time trabalhando nele – e não porque eu tive uma ideia brilhante ou trabalhei sozinho, sem dormir, por anos. Foi um time que me concentrei em formar e valorizar. Eu sempre busquei entender pessoas e processos, pois, independentemente do seu nicho de atuação, só com elas será possível criar seu império.

Sem dúvida, o maior erro é não envolver a equipe em uma causa, não fazer com que ela se sinta valorizada. Se eu quero ganhar uma Copa do Mundo, preciso dos melhores jogadores, bem-treinados, em sintonia uns com os outros e motivados. Não dá para ganhar uma Copa dependendo de um único craque quando se tem mais dez jogadores que poderiam estar dando um show e completando as fraquezas uns dos outros. Toda vitória começa com um time! Como empresário, eu preciso partir do princípio de que dependo da equipe, então a energia intensa que eu emprego no meu negócio precisa ser compartilhada com ela, com metas claras e reuniões diárias, pois são essas pessoas que vão lutar pelo negócio – e, por isso, precisam acreditar nele.

Toda vitória começa com um time!

@alanspadone

Muitas vezes, quando dou cursos e palestras, as pessoas dizem que já sabem tudo o que foi abordado, que já pensaram em todas essas noções, mas que, mesmo com todo esse conhecimento prévio, ainda têm dificuldade de tirar suas ideias do papel. E sabe por quê? A principal razão é a falta de um time adequado. O trabalho em equipe é essencial para transformar uma ideia em realidade, pois cada membro desempenha um papel importante na execução do projeto – e pode compensar os medos, as ignorâncias, as sobrecargas e os atrasos que o próprio fundador geraria no processo.

Quando encontro um empresário seca-gelo, em geral, não vejo nenhuma preocupação em criar um sistema de gestão e uma cultura sólida para a sua equipe. Os seca-gelo evitam desenvolver uma cultura porque o seu objetivo é apenas vender. Mas, se ele é um vendedor, por que não está vendendo seu próprio negócio aos funcionários? É importante criar sucessores e fazer com que a empresa funcione sem depender exclusivamente do fundador.

Sem a criação de uma cultura e o alinhamento do projeto da empresa com o dos colaboradores, eles se sentem explorados e, como resultado, não dão o seu melhor para a empresa. Sem atingir o seu potencial, desanimam. Percebe que isso prejudica a empresa e o trabalhador, que não se desenvolve, e ainda resulta em falta de estruturação da equipe?

O segundo erro mais significativo, além de não valorizar o papel da equipe no sucesso do negócio, é a falta de capacidade de inovar. A maioria dos empresários quer manter o mesmo produto para sempre apenas porque alguém comprou aquilo algum dia – mesmo se as vendas estiverem despencando em comparação ao passado. Eles esperam que o marketing seja suficiente para continuar vendendo a mesma coisa por toda a eternidade. Mas é necessário ter a capacidade de se reinventar a cada dia, deixar o passado para trás e viver o novo.

Para inovar, é preciso abandonar a vaidade, o orgulho e o ego. Muitos empresários se sentam somente na cadeira do empreendedor e têm a ideia de que o negócio deve ser do jeito deles. Aprendi que é necessário se sentar na cadeira do cliente, que é preciso ouvir os colaboradores. Grandes empresas trabalham com pesquisas, que podem ser simples, para entender o que faz sentido para o público-alvo. Dessa forma, é possível envolver o cliente no negócio. De que adianta passar anos apenas aperfeiçoando o produto se ele não é útil para ninguém? Ou, ainda, ter um produto muito bom, mas que ninguém conhece?

Além da falta de estruturação da equipe e de investimento em inovação, o outro grande erro que percebo nos seca-gelo é não estar disposto a correr riscos. Eles são parte da vida, não dá para escapar. Até uma decisão simples, como o que você vai almoçar hoje, tem o risco de uma intoxicação alimentar embutido nela – claro que existem maneiras de minimizar os riscos, mas eles sempre estão lá. E com uma empresa não é diferente. Precisamos compreender quais deles podem impulsionar o negócio, e aceitar que o risco faz parte de qualquer empreitada. O segredo está em fazer investimentos que sejam previsíveis e alavancados. Devemos medir o risco, mas sem medo de tomar uma atitude.

OS PONTOS CEGOS DE QUEM ACABOU DE ABRIR UM NEGÓCIO

Se você começou a empreender há pouco tempo, existem também alguns pontos cegos extremamente perigosos que precisam ser abordados antes que seja tarde demais – e que muitas vezes atingem até os empresários mais experientes.

O primeiro deles é copiar o produto de outra pessoa, sem inovação (sempre ela!). É claro que praticamente tudo já foi inventado, mas tudo também pode ser melhorado, visto por novas perspectivas e promovido por outros meios, proporcionando uma nova experiência para o cliente. Sempre existe uma oportunidade de dar a esse produto uma nova roupagem, uma forma de comunicação, um jeito de torná-lo mais eficiente, bonito ou barato. Por exemplo, o setor bancário já existia, mas o Nubank trouxe uma abordagem inovadora, um jeito menos burocrático de prestar os mesmos serviços, criando um movimento, uma causa, um propósito em torno da empresa.

O segundo ponto cego que observo nos novos empreendedores é que a maioria deles se preocupa em excesso com o espaço físico daquele negócio, investindo todo o seu dinheiro para tornar os prédios e as salas bonitos para impressionar os outros. E isso é um sintoma grave de vaidade (outra questão que se repete, não é mesmo?). Esses recursos poderiam ser direcionados para a monetização, atraindo tráfego de público e consumidores. O foco deveria ser conquistar clientes, não mostrar por meio das aparências um sucesso que ainda não existe.

O terceiro é o desespero para vender. Nesse processo, a empresa não esclarece os benefícios do produto: tenta impor a mercadoria ao cliente sem considerar a real necessidade dele. Falta paciência para explicar e demonstrar os benefícios, resultando em vendas frias e de baixa qualidade – e poucas, como consequência. Essa atitude não desperta o interesse dos clientes, não aumenta a percepção de valor que eles têm do produto, e o posicionamento da empresa é prejudicado.

Por último, um quarto grande ponto cego dos empreendedores iniciantes é quando acreditam que precisam de uma determinada quantia e se dedicam a buscar parcerias, investidores, capital de risco ou qualquer outro recurso externo para fazer aquele negócio acontecer, tudo para começar grande.

Na verdade, deveriam se preocupar em fazer um produto mínimo viável, começar a construir um negócio pequeno; em vez disso, voam muito alto e cedo demais, e acreditam que uma grande injeção de dinheiro resolve tudo. Ter investidor é muito bom, mas só para quem já tem o negócio bem-estruturado. Esses empreendedores que buscam investimento a todo custo no começo normalmente se arrependem a longo prazo, pois essas alianças muitas vezes limitam o potencial do negócio, que, depois da entrada de um investidor, não é mais deles.

A EMPRESA EXISTE PARA ALÉM DO PRODUTO

É isso mesmo que você leu. Já que estamos falando de problemas, é importante ressaltar que, apesar de o produto ser importante, o foco excessivo apenas no produto é um problema. Uma das razões de existir deste livro é mostrar como é importante ter expertise para trabalhar a oferta, a marca e o branding – porque uma empresa forte, com boa equipe e bom ecossistema, consegue sobreviver até à morte do seu produto; pois ela cria outro a partir das bases do anterior, entende?

Vamos tomar a Apple como exemplo, empresa que tem valor de mercado de três trilhões de dólares.[2] Claramente ela tem

---

2. SAUL, D. Apple vale US$ 3 trilhões no mercado e pode subir outros US$ 800 bilhões. **Forbes**, 1 jul. 2023. Disponível em: https://forbes.com.br/forbes-money/2023/07/apple-vale-us-3-trilhoes-no-mercado-e-pode-subir-outros-us-800-bilhoes/. Acesso em: 5 dez. 2023.

tecnologias avançadas, mas, desde o seu surgimento, a marca sempre teve a intenção de romper com o *status quo*, não apenas em tecnologia, mas também em branding, na força da marca, enquanto outras marcas, como a Samsung, investiram mais na tecnologia. Hoje em dia, as pessoas querem comprar produtos Apple por status, para fazer parte de uma comunidade. Muitos produtos que fizeram a história da Apple já deixaram de existir, porque se tornaram obsoletos, como o iPod, mas a empresa não sofreu com isso. Ela continuou investindo no que importava e lançando novos produtos alinhados com quem ela é. A Apple é um case de sucesso porque conseguiu gerar uma grande percepção de valor agregado, independentemente do produto que lançam no mercado. A ausência de um branding eficaz pode ser um obstáculo, pois uma marca sem valor não gera receita nem atrai clientes.

Na verdade, esse é um sistema simples. Tudo começa com uma boa equipe, passa pela marca e precisa de uma estrutura de *squads* (pequenas equipes) para que a operação caminhe de maneira integrada, mas também é necessário um branding forte. Quem aposta nisso, em oferta e em marca, consegue, a médio e longo prazo, obter resultados melhores, pois não faz sentido ter apenas mais um produto sendo vendido a cada dia. O que importa é que as pessoas queiram fazer parte do grupo que você construiu. É preciso tomar muito cuidado com a intenção de apenas criar produtos, porque eles não se vendem sozinhos. Portanto, é de suma importância caprichar na oferta e no branding, embalando tudo de maneira lógica para que o negócio aconteça, e, mais que isso, é preciso criar um movimento.

A motivação é importante para dar o primeiro passo, mas o que vai fazer a diferença é a disciplina.

@alanspadone

MOTIVAÇÃO E DISCIPLINA PRECISAM EXISTIR JUNTAS

Para quem está disposto a encarar seus pontos cegos e estruturar uma operação lucrativa, sempre será necessária a motivação, essa chama que nos impulsiona a buscar o melhor e transformar desafios em oportunidades. Mas, sozinha, ela não constrói nada, pois qualquer adversidade que abale a sua motivação pode abalar sua estrutura.

Por isso, devemos trocar a motivação pela disciplina. Imagine que alguém me motive, e eu vá cedo para a academia na segunda-feira. Após um treino, já estou desmotivado, ainda mais se na terça-feira chover. A motivação é importante para dar o primeiro passo, mas o que vai fazer a diferença é a disciplina. Trata-se de ter consciência de que aquilo que é desgastante e desconfortável para mim hoje pode me trazer resultados no futuro.

Com frequência ouço as pessoas pedindo apenas uma dica ou uma palavra-chave para o sucesso, mas ele não é resultado de uma única ação, e sim de um conjunto de atitudes consistentes. Embora elas não sejam necessariamente difíceis, exigem comprometimento e consistência. E o melhor jeito de ter isso é estar apaixonado pela recompensa, ter clareza sobre o que ela é e estar 100% comprometido com esse resultado. Só assim fazemos o que precisa ser feito.

Um bom exemplo do comprometimento com o resultado é a famosa história de Davi e Golias, presente na Bíblia. Temos ali um pequeno pastor de ovelhas que, pelas aparências, não teria condições de enfrentar um gigante. Dessa história, podemos questionar: o que leva alguém a aceitar o desafio de lutar contra um gigante, tendo menos de um metro e cinquenta?

Não era apenas um heroísmo que vinha da alma de Davi, ou o desejo suicida de se arriscar. Davi buscava, acima de tudo, a proteção do seu povo. Golias era um guerreiro representando o exército filisteu, que desafiou os israelitas a enviarem seu próprio guerreiro para enfrentá-lo em um único combate em vez de promoverem uma guerra. O exército do vencedor dessa luta seria vitorioso, enquanto o exército do perdedor se tornaria servo da nação adversária. A principal motivação de Davi era proteger seu povo, os israelitas, de serem escravizados pelos filisteus. Além disso, aquele que ganhasse a luta teria seus impostos abonados e se casaria com a filha do rei, o que tinha um grande significado naquela época. Era como ganhar na loteria, mudar totalmente de vida, um resultado que Davi nunca teria por outros meios.

Claro que existem outros contextos nessa história, mas a relação é essa: para conseguir um grande feito, é preciso estar conectado com a recompensa, pois ela é fundação para a disciplina que nos mantém no caminho. É assim que começamos a obter resultados. E resultados libertam.

Porém, é preciso internalizar logo cedo que, em algum ponto nessa busca por resultados, erros vão acontecer, apesar de muitas pessoas acreditarem que não podem errar ou que o erro é ruim. Os negócios também são feitos de erros, pois é por meio deles que aprendemos de verdade. Vamos supor que eu prepare um arroz. Se o arroz sempre fica mediano, se não está ruim, mas também não está bom, só meio empapado, as pessoas o consomem e tudo bem. Mas se eu queimar o arroz, nunca mais cometerei o erro de queimá-lo de novo. Terei cuidado com o fogo. Se o arroz fica totalmente sem gosto, na próxima vez adiciono mais sal. Se fica duro, adiciono mais água. Entender que os erros geram maior atenção e iniciam processos de aprendizado é de grande valia.

Este capítulo foi só um aquecimento sobre pontos nos quais você pode começar a prestar atenção agora mesmo. Nas próximas páginas, vou apresentar lições valiosas sobre a jornada de construção de um negócio multimilionário. Muitas pessoas esperam ter dinheiro e condições perfeitas para começar a agir, e a verdade é que as condições nunca serão perfeitas. Claro que ter dinheiro pode ajudar a começar o negócio. No entanto, a energia investida nele, o planejamento e as estratégias são mais eficazes do que o capital investido.

Aqui não vamos falar de planos impossíveis ou empreendedorismo de palco. Este livro é a confirmação de que uma pessoa que dá voz aos seus sonhos tem muito mais do que a criatividade. Desenvolver estratégia, concentrar energia e criar um time dos sonhos faz parte da fórmula de um negócio de milhões, mas também são necessárias disciplina e resiliência, porque só não chega à linha de chegada aquele que desistiu no meio do caminho. Afinal, o faixa-preta em qualquer arte marcial é um faixa-branca que não desistiu.

Chegou a hora de você escolher: de qual desses grupos você faz parte?

Ao final de cada capítulo deixei um presente para que você possa continuar a jornada fantástica do empreendedorismo e da construção de um ecossistema multimilionário.

Entenda com mais detalhes como eu penso e acredito que sejam os negócios em **www.alanspadone.com.br/formula**, ou aponte seu celular para o QR Code a seguir e acesse o conteúdo gratuito.

CAPÍTULO 2

Decida dar certo

Empreender não é um caminho simples, apesar de muitas vezes parecer. Abrir um CNPJ é muito fácil atualmente, tanto que todos os dias as pessoas conseguem abrir suas empresas pela internet sem a menor dificuldade – se essas empresas vão crescer e prosperar, é outra história. Enquanto alguns abrem empresas por sonho, muitos outros abrem por necessidade, pois conseguir um emprego formal já deixou de ser uma opção. No entanto, a falta de preparo é a mesma e se mostra fatal nos dois casos.

A minha história é de sucesso, mas não aconteceu da noite para o dia. E eu não tenho o menor interesse em vender para você a promessa de que o caminho vai ser tranquilo. Até porque as estatísticas falam por si: em abril de 2023, a Forbes noticiou que, durante o período da pandemia, quase 10 milhões de empresas foram abertas no Brasil. Tanto o sonho quanto a necessidade movimentaram essas pessoas a começarem suas empresas, e a publicação também informava que, dois anos depois, metade dessas companhias já fecharam as portas.[3] O cenário é ainda mais desafiador para os mi-

---

3. FERNANDES, V. Metade das 10 milhões de empresas abertas na pandemia fechou as portas. **Forbes**, 24 abr. 2023. Disponível em: https://forbes.com.br/forbes-money/2023/04/metade-dos-10-milhoes-de-empresas-abertas-na-pandemia-fechou-as-portas/. Acesso em: 8 dez. 2023.

croempreendedores individuais (MEIs), que correspondem a 80% das empresas abertas no período.

No contexto das áreas mais afetadas pela economia e pelo fechamento de empresas, o setor de serviços foi impactado de maneira significativa, com 65% do total de negócios encerrados, o que equivale a 2,8 milhões de empreendimentos. O comércio também sofreu: 1,3 milhão de empresas declararam falência. A indústria também registrou o fechamento de 303 mil estabelecimentos. Por acaso, os mais impactados foram os dois setores nos quais eu mais atuo: serviços e comércio.

Outra informação para completar o cenário: em 2023, a inadimplência atingiu um novo recorde entre as empresas, de acordo com a Serasa Experian,[4] e o setor de serviços também foi o maior afetado pelo problema. Com a alta taxa de juros e pouco acesso a crédito e insumos, os pequenos empreendedores se veem esmagados por grandes redes – e eu sei como é, porque também já fui um pequeno empreendedor.

Eu sou um exemplo prático. A micropigmentação é um dos mercados mais fortes para a minha empresa, foi o meu início nesse mercado. Quando cheguei, já tinham muitos profissionais trabalhando com isso, mas nem perto da quantidade que existe agora. A cada dia que passa, encontramos profissionais que cobram cada vez menos na micropigmentação, o que torna a situação de quem empreende na área mais desafiadora. Não que isso seja um

---

4. INADIMPLÊNCIA das empresas cresce e atinge novo recorde histórico no Brasil, revela Serasa Experian. **Serasa Experian**, 24 maio 2023. Disponível em: https://www.serasaexperian.com.br/sala-de-imprensa/analise-de-dados/inadimplencia-das-empresas-cresce-e-atinge-novo-recorde-historico-no-brasil-revela-serasa-experian/. Acesso em: 8 dez. 2023.

problema em si, mas está claro que a competição está intensificando-se. Antigamente, saber fazer fios e lábios era mais do que o suficiente para ter uma boa clientela. No entanto, nos tempos atuais, é necessário se tornar um especialista em marketing, comunicação, vendas e administração. Mais do que micropigmentar, o profissional da área precisa dominar várias outras habilidades por uma questão de sobrevivência.

Como eu já disse, empreender não é fácil, mas, dependendo da configuração econômica do país e da área em que você atua, pode ficar ainda mais difícil. Para vencer os obstáculos, é preciso ter conhecimento profundo da parte técnica, sim. Vamos abordar essas questões em breve. Antes, vamos falar do preparo emocional que é essencial que você tenha. E, sobre esse assunto, tenho algumas boas dicas para lhe dar.

DAR CERTO É DECISÃO

Acredito que, na vida, tudo o que é, é para o bem. Creio piamente na sabedoria de Deus e sei que, para quem está trabalhando pelo sucesso, nada dá errado. Essa pessoa apenas não chegou ao seu desfecho; ainda tem lições para aprender, pontos do negócio para ajustar.

Escutamos muitas histórias de sucesso e de falência. Mas pouca gente fala sobre o processo enquanto ele está acontecendo para que você consiga se identificar. Por isso meu primeiro conselho é: não desista. Vai ficar difícil. Em alguns momentos, parece que não vai dar certo. Vai faltar dinheiro, talvez falte crédito. Talvez falte horizonte. Nessa hora, estude mais. Busque ajuda. Cursos, livros, mentorias, conselhos de quem já chegou onde você quer chegar. Recalcule a rota, mas não desista. Encare da seguinte maneira: algumas situações servem como aprendizado para impulsionar o progresso.

Tenha em mente as fases pelas quais você vai passar: base, setor estrela, planejamento, estratégia e ajustes. A primeira etapa necessária para quem está começando é estabelecer uma base, como mencionei no capítulo anterior. A base de tudo é o seu sonho, o seu desejo. Pode ser de enriquecer, de mudar o mercado, ou simplesmente de ter um negócio funcional que sustente sua família. É fundamental sonhar e desejar ardentemente o objetivo, ele precisa ser claro, visualizado em detalhes por você. Esse é o ponto de partida.

O segundo passo consiste em identificar o que chamamos de "setor estrela". Nesse sentido, trata-se de compreender, dentro do setor, qual elemento faz a diferença e alivia o sofrimento de alguém. No meu caso, depois de trabalhar por alguns anos como funcionário em empresas do ramo de beleza, enxerguei muitas possibilidades naquela área. Nada abalava o setor de beleza, que até na crise ia bem. Ao mesmo tempo, ainda tinha muito espaço para pensar em serviços melhores, mais modernos, mais interessantes. É possível fazer essa análise de qualquer área, e eu sugiro que, se você não sabe ainda o que fazer, mas sabe que quer empreender, comece olhando para o que conhece: os lugares onde trabalhou, os mercados pelos quais passou. Quais melhorias seriam possíveis ali? Quem não estava sendo atendido com excelência? Tinha algum problema que precisava ser resolvido? ==Inovação nem sempre é inventar algo novo, mas pode ser deixar o que já existe muito mais fácil para o seu cliente.== A partir disso, é possível avançar para o terceiro passo, que precede a ação estratégica: o planejamento.

Nele, delineamos o que faremos, quando faremos, de que maneira e quem estará envolvido. É a sequência de passos que precisa ser dada entre a sua situação atual e o seu objetivo final, o seu sonho. Se você tem o sonho bem visualizado, sabe até de quantos centavos precisa para completar e quantas franquias gostaria de ter. Com isso, você quebra os sonhos – por maiores que sejam – em pequenos passos a serem concretizados. Para que isso aconteça, qual é a sequência de eventos que precisa existir? Não tenha preguiça de passar pelo planejamento.

Depois disso, adentramos a fase estratégica, colocando as mãos na massa. E, a cada fase executada, é preciso analisar, corrigir e refinar o processo repetidas vezes. Porque, não raro, você terá um excelente plano de marketing na cabeça que não trará nem 10% dos clientes que você imaginou. Essa não é a hora de desistir, e sim de estudar mais, rever, mudar de direção. Dentro desse processo de ajustes contínuos, a decisão de alcançar o sucesso é tomada.

Por isso afirmo que dar certo é decisão, e você precisará tomá-la muitas vezes. A ação de tomar uma decisão acarreta uma reação: o sucesso. Existe uma lei que opera nesse contexto, que não exige um fundamento espiritual para se concretizar. É uma lei que eu enxergo se repetir tanto na espiritualidade quanto na física. Os que têm fé chamam de lei da semeadura,[5] já os céticos a reconhecem como ação e reação.[6] Essa lei sustenta que colheremos aquilo que plantamos.

---

[5]. A lei da semeadura está no livro de Gálatas 6, 7: "Não se deixem enganar: de Deus não se zomba. Pois o que o homem semear, isso também colherá". BÍBLIA, N. T. Gálatas. **Nova Versão Internacional**. Disponível em: https://www.biblia online.com.br/nvi/gl/6/7-9. Acesso em: 8 dez. 2023.

[6]. Ação e reação é a terceira lei de Newton e determina que, para toda força de ação exercida, surge uma força de reação com igual intensidade e direção, porém com sentido oposto.

Por que, então, uma decisão bem-fundamentada resulta em sucesso? Lembra-se do exemplo do arroz do capítulo anterior? Se eu estiver cozinhando arroz, e ele queimar, isso não significa que sou um fracasso na vida, que não tenho habilidades inatas ou que não nasci para cozinhar. Eu não sou um erro, apenas cometi um erro. E cometer um erro me dá a oportunidade de corrigi-lo. Se o arroz queimou, posso ajustar a temperatura do fogo, fazer alterações; e assim acontece também nos negócios.

Quando comecei a empreender, cometi alguns erros. Quero compartilhar dois, por ora.

Um deles foi pedir conselhos a pessoas que não entendiam do meu segmento e nada haviam conquistado de significativo – em um momento em que eu mesmo ainda não estava formado como empresário. Já era difícil ter que dar um passo, e ficava ainda mais com as pessoas à minha volta me desestimulando. Então, fica a primeira dica: canalize a energia desse sonho que tem dentro de você, use as informações riquíssimas e as fórmulas do sucesso que apresento aqui e trabalhe sem dividir tanto o que está acontecendo com quem não é um apoiador ou um mentor para você. Em alguns momentos, a jornada do empreendedor de sucesso tem por base caminhar sozinho. Você não precisa das pessoas que vão inflar suas inseguranças e dúvidas.

Quantas vezes você saiu de casa em busca de mais um curso, cheio de vontade de vencer, tornar-se uma autoridade, ser alguém, apenas para ouvir dos que estão à sua volta: "Ah, mais um? Isso não dá em nada". É hora de dizer "basta" a esse tipo de gente em sua vida!

O outro equívoco aconteceu também quando eu estava começando e tinha um pequeno salão de beleza com uma única cadeira.

Um amigo veio me explicar sobre uma "oportunidade imperdível": pegar 30 mil reais emprestados no banco e investir em uma pirâmide financeira que renderia 7 mil reais por mês. Na época, é claro, eu não sabia que aquilo era uma pirâmide financeira. Só acreditei no discurso e nos resultados que vi das outras pessoas que haviam investido. Perdi tudo logo no primeiro mês. Eu já não tinha o salário do salão onde era contratado, nem os trabalhos em marketing que fazia por fora, todas as minhas fichas estavam apostadas no negócio. Quem segurou as pontas foi a minha esposa, Marcela, que ganhava menos de um quinto da minha renda na época – e ainda precisou arcar com as despesas do empréstimo que eu fiz!

Não era o momento de desistir, e eu sou grato por minha esposa ter os mesmos valores que eu. Juntos, começamos a pensar em novos caminhos, tendo o sonho sempre como ponto de chegada do nosso mapa. Fomos atrás de dinheiro, de alguém que nos emprestasse qualquer quantia para recomeçar. Consegui 20 mil reais emprestados da minha avó e recomecei o salão. Comprei espelho e meia dúzia de cadeiras. Durante o dia, eu atendia as clientes no pequeno salão; à noite, dava curso de design de sobrancelha; e, nos fins de semana, Marcela e eu ficávamos imprimindo e montando apostilas. Foi um momento de virada, porque quem não desiste, uma hora vira.

Eu já errei muito e tive todos os motivos e razões para falar: "Isso não é para mim", mas eu continuei. E falo isso não pelo meu ego, mas para você refletir: se eu tivesse desistido, quantas pessoas eu deixaria de ter ajudado a alcançar o sucesso? Quantos alunos nunca teriam se formado comigo e começado o próprio negócio?

O COMEÇO DEPENDE DE QUEM VOCÊ É

Desde o começo, mesmo em meio à incerteza, defini alguns princípios que deveriam nortear cada passo que eu daria. Parti de um processo detalhado para a execução de tarefas. Todo mundo que começa a empreender fica ansioso para fazer o dinheiro acontecer, e essa ansiedade acompanha muitos riscos – o maior deles é nos levar a agir por impulso.

Naquela época, eu escutava muito que era um "sonhador" e um "maluco". E nunca me ofendi com esses comentários, porque eu sabia que estava indo por um caminho totalmente diferente do momento que vivia.

Era difícil explicar para a minha família que eu queria arriscar tudo para abrir a minha própria empresa. Venho de uma família simples, meu pai é metalúrgico, e minha mãe, vendedora de sapatos. Aos 21 anos, me formei em Marketing e trabalhei para empresas do setor farmacêutico e de cosméticos. Como disse, percebi que, mesmo durante as crises, esses setores se mantinham fortes. E, com a experiência, enxerguei muitas lacunas em que poderia atuar oferecendo serviços melhores. Fiz um curso de cabeleireiro e descobri duas coisas: eu não tinha nada a ver com cabelo, mas tinha tudo a ver com a área da beleza. Coloquei o foco em maquiagem e sobrancelhas – a parte artística me encantava. Comecei a trabalhar no melhor salão de cabeleireiro da cidade no período da tarde – e de manhã continuava trabalhando em marketing. Mesmo minha esposa teve medo quando decidi abrir um negócio próprio, apesar de ter me apoiado.

Mas o que é um "sonhador"? É a pessoa que toma decisões para alcançar algo, independentemente de as circunstâncias não estarem alinhadas com esse objetivo. O sonhador não age com base na situação presente, e sim no que ele deseja vivenciar e no que acredita: o sonho.

Eu sonhava alto, e as pessoas costumavam me desejar sorte – daquele jeito meio descrente, meio fazendo piada. Isso porque eu falava sobre riqueza, prosperidade e até mesmo sobre viajar para as Maldivas. Mas isso não tinha nada a ver com exibição; era aspirar a uma vida próspera. Eu precisava visualizar muito claramente o meu objetivo, porque era o que me daria forças. Sabia que o meu sucesso dependia de mim; Deus já tinha me dado todas as ferramentas, como saúde e sabedoria.

E quanto a "maluco"? Por que me viam como tal? As pessoas costumam associar qualquer ação ousada a um risco; e é da nossa natureza querer evitar o risco a todo custo. Isso, porém, é uma grande ilusão, afinal, tudo tem risco – inclusive não fazer nada. Portanto, quando se lida com riscos e possíveis perdas, muitos optam por não se mexer. Eu ouvia muitos comentários como: "E se der errado?", e a verdade é que, na vida, tudo pode dar errado. No entanto, é crucial avaliar se esse "errado" de fato acarreta algum dano significativo.

Quando você está no começo e precisa tomar decisões, como mudar de carreira, por exemplo, é importante avaliar qual é o real prejuízo se o pior cenário acontecer. Fazer o exercício de repassar as situações possíveis daquela decisão (mesmo as assustadoras). Às vezes, o prejuízo real é mínimo ou nem existe.

Recebi recentemente uma mensagem de alguém que está há trinta anos em um emprego com carteira assinada, mas não gosta mais do que faz. Essa pessoa deseja mudar de área, porém está cheia de medos. É natural, ainda mais se a sua vida foi criada em volta da carreira. Contudo, a verdade é que, com planejamento e

Cometer um erro me dá a oportunidade de corrigi-lo.

@alanspadone

estratégia, se tudo der errado, o máximo que vai acontecer é ter que procurar emprego de novo enquanto vive das economias.

Pensando no perfil estável de quem me escreveu, sugeri que ele fizesse uma transição de carreira gradual, estudando a nova área pretendida, atendendo à noite e mesclando atividades. Ou seja, não há necessidade de fazer uma ruptura brusca da noite para o dia. Os resultados virão.

Quando comecei a obter resultados, muita gente que não tinha sabedoria para entender a situação me julgou. O modo confiante como me comportava, devido às minhas realizações, foi erroneamente interpretado como arrogância. E é nesse momento que você precisa ter inteligência emocional e estar pronto para o sucesso, assim como para o fracasso.

Em ambos os casos – de sucesso ou fracasso – uma sólida rede de apoio é fundamental. Toda nova empreitada gera insegurança, não importa a área, o momento ou a situação em que nos encontramos. Esse desconforto natural é amenizado quando se tem pessoas ao seu redor dispostas a ajudar. No entanto, é preciso ser muito criterioso na hora de buscar apoio. Nem todo mundo está pronto para apoiar você. A verdade é que apoiadores genuínos são raríssimos. Percebi isso depois de passar muito tempo procurando por esse tipo de ajuda. Então, entendi que precisava nutrir meus sonhos por conta própria, com o auxílio de algumas poucas pessoas que me queriam bem. E é o que aconselho você a fazer.

PRECISAMOS FALAR SOBRE O MEDO

O medo é uma defesa natural do ser humano, e nós devemos muito da nossa sobrevivência como espécie a ele. Muitas vezes, o medo começa a se infiltrar nos passos que citei: na base, no planejamento, na estratégia... E daí, não tem como pensar com clareza. Acredito que, apesar de ter tido seu papel na nossa evolução como humanidade, o medo é mais negativo do que positivo, pois ele pode nos paralisar.

Imagine que você esteja em um ambiente que está pegando fogo. Em uma situação como essa, a maioria das pessoas não vai conseguir sair do lugar, mesmo que fazer isso signifique a sua sobrevivência. Porque o medo, quando domina, costuma nos paralisar. E podemos levar essa conclusão para todas as áreas da vida.

Muita gente quando está paralisada de medo de tomar uma decisão ou fazer o que precisa ser feito usa a desculpa de que está agindo de modo coerente, constrói todo tipo de argumento para proteger o próprio medo e a própria inação. Seria mesmo mais coerente permanecer do jeito que está? Não tomar nenhuma decisão? Pense que, se você não agir, ao final do mês, as contas vão chegar de qualquer jeito. Então, se eu estou parado, estou literalmente morrendo, porque vivemos esse paradoxo: não decidir é também tomar uma decisão – e não agir é uma forma de ação.

O medo tem impedido pessoas de viverem seus sonhos e de viverem uma vida extraordinária. Talvez isso esteja acontecendo com você. Se for o caso, o que quero lhe dizer para que saia dessa situação é: se o medo estiver atrapalhando o seu progresso, coloque-o dentro de uma caixinha e o observe com algum distanciamento. Assim, você perceberá que só teme determinado cenário porque ele é novo, porque você não o conhece o bastante. O medo provém da falta de prática e de domínio de algo. Por exemplo, se eu tenho medo de dirigir, é porque ainda não tenho o domínio de condução de um veículo. E como resolver esse medo? Fazendo matrícula em uma autoescola, tirando a carta e dirigindo o número suficiente de vezes para que esse medo seja vencido. Medo é como uma serpente dentro de nós que precisa ser domada, mesmo porque ela sempre continuará lá.

Eu já senti muito medo. Confesso que ele foi profundo a ponto de me tirar o sono, me fez questionar inúmeras vezes se deveria ou não prosseguir. Entretanto, o meu medo não prevaleceu, pois eu estava muito ciente do que almejava conquistar. Manter contato com as recompensas que sabia que viriam após concluir todo esse processo foi o que me deu forças para não desistir.

Quando a tentação de desistir surgia, eu me lembrava das recompensas que estavam à espera: uma viagem, um plano de saúde em um hospital de qualidade, um carro melhor, ou até mesmo uma casa mais confortável. Eu fazia visitas a esses lugares, buscava orçamentos e imergia nesse processo mesmo sem ter o dinheiro necessário. Eu queria ter a imagem em alta definição da vida que estava construindo, mesmo que, olhando dali de onde eu estava, ela parecesse impossível. Eu me permitia sentir o que seria viver essa vida, pois essa prática contrabalançava a desmotivação que poderia surgir ao acordar cedo em um domingo para estudar.

Por isso insisto tanto no cultivo da base, do sonho, ele precisa ser vívido na sua mente, no seu coração e na sua alma. Ele é o maior antídoto contra o medo.

A HUMILDADE O LEVA LONGE

Quando você leu que eu, ainda pobretão, falava sobre viajar para o exterior, comprar casas, carros e ter uma vida confortável, pode ter concluído que, no começo, eu era superarrogante, não é? Muito pelo contrário. Nunca me coloquei na posição de "sabichão", nem mesmo de alguém que estava com a vida ganha. Desejar essas coisas veio sempre de um lugar de humildade, de entender que eu não as tinha, mas estava na luta para conquistá-las.

Assim como com o estudo, eu sempre tive consciência de que tinha conhecimento, mas que era apenas o suficiente para dar o primeiro passo. Reconhecia que não detinha o conhecimento completo. Estava aberto a ouvir outras pessoas, sabia que aprenderia algo valioso com elas. Nunca me considerei o sujeito mais inteligente do mundo, mas sempre adotei a postura de, ao encontrar algo que desconheço, buscar a fonte de conhecimento.

O primeiro passo é verificar se a fonte tem conhecimentos sólidos e confiáveis. A ideia é romper as bolhas do networking, encontrar especialistas no assunto e aprender por meio de trocas e experiências, seja oferecendo algo de valor para eles ou buscando compreender o que é valioso. Isso implica questionar, descobrir e, o mais importante, conectar-se, criar uma corrente positiva em que todos podem aprender e se apoiar, visando alcançar resultados reais.

Manter a humildade em relação ao que não se sabe é item de primeira necessidade na vida do empreendedor, porque você precisa sempre estar em busca de recursos e aprendizado.

Busque a mudança, busque o conhecimento, busque a humildade e até mesmo o medo – aquele friozinho na barriga gostoso quando se está diante de algo novo. Empreender é isto: é assumir riscos, ir de cabeça, sem medo de errar, porque sabe que toda experiência é válida e que há aprendizados que lhe deixarão mais forte. As dificuldades virão, é claro, mas se você já não aceita mais uma vida de escassez ou de dúvidas quanto à sua capacidade, se deseja se empoderar, transformar a sua vida e proporcionar o que há de melhor para você e sua família, a hora é agora.

Tenho certeza de que este livro será um divisor de águas na sua vida. Meu único objetivo é lhe proporcionar liberdade. Mas, para isso, não basta apenas ler estas páginas e ficar de braços cruzados. É preciso arregaçar as mangas e aplicar o que estou compartilhando com você. Isso tem a ver com tomar uma decisão. E, como você já sabe: dar certo é questão de decisão. A escolha está em suas mãos.

Pronto para fazer o seu negócio decolar? Então continue comigo!

Para fazer um negócio decolar, você vai precisar tomar decisões e adotar estratégias que impactem diretamente na sua vida e na de outras pessoas. Em uma de minhas aulas, compartilho minha forma de pensar e como tomar decisões nos negócios que afetam diariamente milhares de vidas.

Tire um tempo para refletir sobre o que foi dito até aqui, mas, principalmente, para ver o que reservei para você. Acesse **www.alanspadone.com.br/formula** ou leia o QR Code a seguir para conhecer um pouco mais sobre a Fórmula de Milhões.

CAPÍTULO 3

Preparando-se para a decolagem

Quando eu era maquiador, estava muito claro que fazer um trabalho primoroso dependia de uma sobrancelha estar alinhada. No entanto, como concluir esse trabalho com excelência tendo em vista que essa não era minha especialidade? Pois bem! Eu não acredito no generalista, mas existem especialidades que se conversam, como a maquiagem e o design de sobrancelhas, por exemplo. É uma questão de ouvir e analisar um problema do seu cliente que precisa ser resolvido. Seguramente, o caminho do sucesso consiste em resolver problemas dos outros. E quanto maior o problema, maior será a solução, e também maior será o seu ganho.

Na introdução do livro, mencionei que existem quatro princípios de que você deve cuidar para ter um negócio de sucesso. Eles são: planejamento, estratégia, briefing e debriefing, e Mínimo Produto Viável. E, agora, vamos nos aprofundar nessas quatro fases que foram essenciais na minha jornada empreendedora bem-sucedida. Seguindo-as, tenho certeza de que você também construirá uma base sólida para o seu negócio, diminuindo os riscos e aumentando as possibilidades de sucesso.

PLANEJAR É PRECISO
Planejamento, como o nome já deixa bem claro, é quando fazemos planos. É visualizar mentalmente qual é a sequência de passos

que você dará para alcançar o seu sonho. Quais eventos precisarão acontecer para você chegar lá.

Quando pensamos em produto, esse processo não é diferente. Um planejamento de produto é um plano detalhado que delineia as metas que uma empresa pretende atingir por meio do seu produto e o modo de alcançá-las. Ele oferece respostas para perguntas fundamentais, como: "Para quem é esse produto?", "Como ele impactará positivamente nesses clientes?" e "Quais são os objetivos gerais da empresa para ele ao longo de seu ciclo de vida?". O planejamento de produto está sempre tentando resolver a questão: "Como posso convencer alguém a adquirir o que estou oferecendo?".

Tudo começa pela visão do produto, que representa a missão de longo prazo. Geralmente, essa missão se traduz em uma declaração breve e inspiradora que comunica as aspirações que a empresa tem para o produto. Por exemplo: "Transformar pessoas comuns em empreendedoras de sucesso, com clareza, acompanhamento e segurança em todo o processo". Para criar e introduzir um produto notável, é fundamental ter uma visão clara e robusta. Uma visão bem construída vai pensar na identificação do público-alvo, suas necessidades e o plano de entrada no mercado. Ela considera as oportunidades a serem aproveitadas e as ameaças a serem superadas no trajeto de desenvolvimento.

Um planejamento consistente é alicerce essencial para a concepção e progresso de um produto, enquanto a visão sólida direciona o caminho para alcançar essas metas de modo coerente.

BUSQUE EXCELÊNCIA NA EXECUÇÃO

A estratégia, o segundo princípio, é a execução do planejamento. Porque de nada adianta pensar em coisas magníficas sem colocá-las em prática. Muito do que aconteceu na minha vida se deveu ao valor que sempre dei à execução e a tirar as pessoas à minha volta da inércia. A execução, conforme definido no *Harvard Business Review* (HBR), "são as decisões e atividades que você realiza para transformar sua estratégia em sucesso comercial".[7] Ainda segundo o HBR: "Alcançar a 'excelência de execução' é obter os melhores resultados possíveis que uma estratégia e a sua implementação permitem".[8] A capacidade de executar é a diferença entre o sucesso e o fracasso.

Pouco tempo atrás, um mentorado me procurou para ajudá-lo a aumentar a conversão e retenção no seu próprio mastermind. De todas as estratégias que citei, uma delas foi muito marcante para ele: criar uma rotina para seus mentorados. O mesmo vasto conteúdo que fazia os alunos vibrarem não os mantinha engajados depois que voltavam para a própria realidade, porque eles não sabiam por onde começar a aplicá-lo e como executar o que haviam aprendido.

Eu o ajudei a criar um plano de doze meses, com doze etapas. O que isso significa? É como um passo a passo no qual ele ensina aos alunos o que fazer, quando fazer e como fazer. Criar uma rotina de execução permite não apenas colocar em prática etapa por etapa, mas também analisar resultados e fornecer a próxima estratégia.

---

[7]. Tradução livre. Original: *"[Execution is] the decisions and activities you undertake in order to turn your implemented strategy into commercial success."* FAVARO, K. Defining strategy, implementation, and execution. **Harvard Business Review**, 31 mar. 2015. Disponível em: https://hbr.org/2015/03/defining-strategy-implementation-and-execution. Acesso em: 8 dez. 2023.

[8]. Tradução livre. Original: *"To achieve 'execution excellence' is to realize the best possible results a strategy and its implementation will allow."* Ibidem.

ALINHANDO A COMUNICAÇÃO COM O BRIEFING E O DEBRIEFING

Após o planejamento e a estratégia, vem o briefing e o debriefing. Essas duas palavras, que hoje são usadas largamente nos negócios, são termos oriundos da aviação. O briefing, originalmente, é o conjunto de informações trocadas em uma reunião entre o piloto, o copiloto e a equipe envolvida na operação ou entre o examinador e examinado antes cada voo.[9]

Já o debriefing é uma atividade didática. Quando os pilotos voltam de uma missão, o instrutor de voo conversa sobre os exercícios realizados, comentando os erros e acertos e recomendando procedimentos para prevenir possíveis erros futuros. O procedimento de debriefing é esmiuçar tudo o que compreende aquela missão. Ele mostra como são valiosos a revisão, o feedback, a crítica e a autocrítica das decisões e ações com relação ao processo e às pessoas envolvidas.[10]

Esses dois conceitos são essenciais para criar produtos e para qualquer ação da sua empresa. O briefing é quando o plano de ação é passado, é explicar tudo o que foi pensado na etapa do planejamento, qual é o objetivo, quais são as ideias principais e qual é o público a ser alcançado. É enxergar a entrega, como entregar e quais são os responsáveis por ela. Esse alinhamento de comunicação garante que o trabalho será executado e revisado. E é na revisão, ou no debriefing, dos resultados que vamos ajustar aquilo que não correspondeu à expectativa.

---

9. BRIEFING/DEBRIEFING. *In:* **ANACpédia**. 2014. Disponível em: https://www2.anac.gov.br/anacpedia/por-por/tr2919.htm. Acesso em: 8 dez. 2023.

10. DEBRIEFING. *In:* **ANACpédia**. 2014. Disponível em: https://www2.anac.gov.br/anacpedia/por-por/tr3042.htm. Acesso em: 8 dez. 2023.

A capacidade de executar é a diferença entre o sucesso e o fracasso.

@alanspadone

COMECE DEVAGAR

Quem cria qualquer coisa precisa começar pequeno, em modo de teste. Por exemplo, se você acredita que seus bolos são especiais e devem ser vendidos, não é prudente pegar um empréstimo de centenas de milhares de reais para abrir uma confeitaria de luxo logo de cara. Você precisa produzir um bolo, vendê-lo, depois ver se consegue vender mais um, e assim por diante. Você precisa testar primeiro uma versão micro daquilo que quer fazer. E é aí que entra o que chamamos em inglês de *Minimum Viable Product* (MVP), o Produto Mínimo Viável.

Vamos considerar o cenário em que você está planejando estabelecer uma mentoria com a meta de atingir duzentas pessoas. É sensato investir o mínimo de recursos, tráfego e energia para criar um modelo inicial, certo? Esse é o conceito de um MVP. Na prática, funciona assim: comece selecionando três possíveis clientes ideais. Inicie conversas, conduza pesquisas e ofereça seus serviços de mentoria a esses três indivíduos. Avalie as necessidades deles, desenvolva um método de entrega e valide a satisfação dos três. Se esse processo funcionar dentro de um período de sessenta a noventa dias, você terá um modelo de negócio sólido para a expansão em grande escala. ==É preciso testar antes de fazer investimentos.==

Esse é o momento de entender quais problemas surgem na fase de entrega, o que faz você perder clientes ou quais são as falhas de atendimento. Continuando no exemplo de serviços de mentoria, muitas vezes isso pode ocorrer quando você percebe que fornecer o conteúdo sozinho é inviável, pois é necessário ter um Serviço de Atendimento ao Consumidor (SAC) dedicado ao sucesso dos mentorados. Dessa maneira, a validação não se limita apenas à aquisição de clientes ou à conquista deles, mas também abrange a manutenção da satisfação do cliente e a renovação contínua do relacionamento.

Então, você já sabe: comece com um número mínimo de produtos, compreenda a aceitação no mercado, quais são as dificuldades e, a partir desse entendimento, planeje a expansão em larga escala.

CUIDADO PARA NÃO CASAR COM O PRODUTO

Os irmãos McDonald – sim, os do fast-food McDonald's – colocaram em prática esses quatro princípios, sabia? Pois é. Vou lhe contar essa história de sucesso.

Richard e Maurice McDonald inicialmente tinham um restaurante de churrasco e hambúrguer nos Estados Unidos, em 1940, e tiveram que fechar, reabrindo em 1948 com um menu muito menor.[11] Eles perceberam que o que vendia mesmo eram os hambúrgueres, e que as pessoas não queriam mais esperar pela comida. Com o foco em serviço e um menu pequeno, empregaram uma operação enxuta, limpa e rápida, contando com um drive-in só para hambúrgueres, batatas fritas e bebidas.

Nesse momento inicial da história do McDonald's, a ênfase era no produto, com o qual os irmãos estavam profundamente comprometidos. Mas essa concentração no produto o transformou em *commodity* ao longo do tempo. Não tardou para que alguém surgisse e oferecesse algo melhor, mais econômico e mais rápido, talvez até com um apelo comunitário mais forte, e o que antes era inovador, tornou-se obsoleto.

---

11. WHEN dad lost his job, the McDonald brothers started a fast-food empire. **New England Historical Society**, 2023. Disponível em: https://newenglandhistoricalsociety.com/mcdonald-brothers-open-restaurant-nh-shoe-factories-close/. Acesso em: 8 dez. 2023.

O restaurante crescia, mas em um ritmo lento, até 1954, quando os irmãos conheceram Ray Kroc, um vendedor de máquinas de milkshake que ficou encantado com o sistema do negócio. Kroc é o típico visionário que cria o que podemos chamar de ecossistema. Essa abordagem protege contra a possibilidade de se perder no curso do tempo.

Perceba: os irmãos McDonald se atentaram ao produto, mas Kroc entendeu que o sucesso residia nos processos rápidos e inteligentes e na extensão da marca. Ele não foi o criador original do produto, mas sua genialidade tinha a ver com criar uma ampla gama de ofertas. Ele introduziu uma mentalidade de diversificação, sugerindo a venda de sorvetes, a expansão do sistema de franquias e outros produtos além dos lanches principais. Isso é criar um ecossistema, a situação ideal para qualquer negócio prosperar.

Um dos segredos é construir uma esteira longa, que facilita a transição entre diferentes produtos por meio de uma eficiente comunicação entre eles. ==A chave não está em buscar lucros excessivos com um único item, mas em criar oportunidades de lucro com uma diversidade de produtos.==

Outro elemento que potencializa um ecossistema é a capacidade de enxergar além do óbvio. O McDonald's, por exemplo, passou a alugar os espaços para que as pessoas pudessem permanecer lá. Eles não ancoraram sua estratégia somente no produto, mas também no imobiliário. Se, por exemplo, os lanches deixassem de ser a opção preferencial após algum tempo, poderiam oferecer pizzas ou qualquer outra coisa, uma vez que possuíam uma infraestrutura e um modelo de negócio não limitado ao produto, mas, sim, conectado a empréstimos, locações e outros fatores.

A verdade é que produtos são descartáveis. Modelos de negócio, não. Com o tempo, o produto vira *commodity*, já o modelo de negócio potencializa – e pode ser replicado em vários nichos.

Neste capítulo, nós nos preparamos para a decolagem. Agora que temos essa base que é fundamental para o seu negócio decolar, chegou o momento de você de fato alçar voo. E vamos fazer isso nos próximos capítulos, ao explorarmos os seis pilares do meu método: vendas e liderança hegemônica; gestão e cultura; metodologia de ensino e ascensão; governança mundial em marketing; lançamento; e, por fim, criação de eventos (3Ps e 2Ds dos eventos).

Tudo pronto? Aperte o cinto que vamos decolar!

Preparei um presente para você, dono de negócio e empreendedor neste momento de inflexão. Acesse o site **www.alanspadone.com.br/formula** ou acesse a área "Decolagem" no QR Code a seguir para destravar seu acesso a um bônus especial.

CAPÍTULO 4

Vendas e liderança hegemônica

Vender é o X da questão para qualquer negócio, por isso este capítulo é um dos mais importantes do livro.

O empresário Harvey Mackay tem uma citação famosa: "Para mim, cargos não importam. Todos trabalham em vendas. É a única maneira de permanecer no mercado".[12] Isso ressoa muito em mim, pois acredito que se o produto é o coração da empresa, a venda é a coluna. É o que sustenta o corpo e permite que todo o resto aconteça.

Sou apaixonado por vendas. Elas têm o poder de transformar o negócio e a vida dos clientes. E é daí que a paixão nasce, da conexão com a recompensa, com mudar a vida das pessoas. A cada curso ministrado, cada franquia aberta, cada produto vendido, sei que alguém deu mais um passo para prosperar, usando como ferramenta o que eu coloquei à disposição. Isso não tem preço.

Esse é o seu chamado para correr atrás de ser o melhor vendedor para o seu negócio. O que mais vejo hoje são pessoas chegando para fazer os treinamentos na minha academia e dizendo o seguinte: "Ah, eu queria só fazer sobrancelha, eu não queria vender". Mas

---

12. Tradução livre. Original: "*To me, job titles don't matter. Everyone is in sales. It's the only way we stay in business*". MACKAY, H. All my employees are in sales. **Inc.**, 5 dez. 2011. Disponível em: https://www.inc.com/harvey-mackay/everyone-at-my-company-is-in-sales.html. Acesso em: 8 dez. 2023.

vender está no coração de tudo, é o que dá combustível para o seu negócio continuar a crescer.

Mais do que técnica de vendas, para se desenvolver como vendedor, você precisa se conectar com a sua ambição. Eu vivi isso na pele. Experimentei o poder da ambição aos 10 anos.

Na época, eu morava no bairro Colônia, na cidade de Jundiaí, interior de São Paulo, com a minha mãe e a minha avó. Eu queria demais um brinquedo, e minha mãe, que era vendedora de sapatos, não tinha condições financeiras de me dar tudo o que eu queria. Eu ambicionava aquele brinquedo e sabia o valor dele – tanto em preço, quanto emocional para mim.

Como minha mãe não teria dinheiro para me dar, comecei a procurar por oportunidades diante das situações. Abri o freezer da minha casa e encontrei uma massa de pastel. Pedi, então, que a minha avó usasse um pouco de carne moída que ela tinha na geladeira. Assim, ela preparou cinco pastéis.

Na frente da nossa casa, havia um plantão de vendas de apartamentos, e o corretor de imóveis, o João, sempre brincava e conversava comigo. Eu e meu amigo Rafael fomos lá lhe oferecer os pastéis, e ele comprou todos, sem sequer tentar negociar o valor – provavelmente porque os vendedores eram duas crianças.

Ainda me recordo, como se fosse hoje, da sensação maravilhosa de vender algo. Voltei para casa todo feliz, com o dinheiro na mão. Minha avó perguntou onde eu arrumara aquele dinheiro, e tive que confessar que havia vendido os pastéis. Com aquele valor, consegui comprar o tão almejado brinquedo.

==Ambicionar algo na vida o leva para o *front*, para fazer o que precisa ser feito.==

VENDER É LIDERAR

A venda, infelizmente, carrega o estigma de ser sinônimo de enganação. Há até quem use a expressão: "Ah, isso é papo de vendedor!" para se referir a alguma mentira. A questão é que muito do estigma que existe no setor vem de experiências anteriores ruins. Uma venda ruim é quando você não está precisando de um produto ou serviço e o vendedor tenta empurrá-lo "goela abaixo" – ou talvez você até precisasse do produto/serviço, mas o vendedor foi tão chato e insistente que você pegou ranço. Que fique claro: isso não é vender. Vender é resolver o problema de alguém.

Precisamos de objetos e serviços o tempo todo: roupas, viagens, alimentos, cursos. Por isso, a mentalidade certa para começar a vender não é pedir a Deus que lhe envie clientes, que apareça gente querendo comprar sem você precisar fazer muito esforço. O que você tem que pensar é: "Que maravilha! Mais um dia, mais uma oportunidade de resolver os problemas das pessoas que eu encontrar hoje!".

Trazendo para a minha área, quem vende micropigmentação, por exemplo, não vende um procedimento. Se você focar o procedimento, vai precisar falar de agulha, tinta, dor, e vamos ser sinceros: tudo isso é muito chato. Sabe o que encanta as pessoas na micropigmentação? A transformação. É lindo ver quem essa mulher se torna quando ela faz uma micropigmentação labial, por exemplo. Ela se sente mais bonita, mais segura, com os lábios mais simétricos, sempre maquiada e pronta para sair. É a solução para ter lábios mais bonitos e mais segurança para se mostrar para o mundo. Isso não é muito mais interessante do que falar de agulhas?!

Percebe o poder que você tem em mãos? Você pode curar a dor de alguém! Assuma esse poder com orgulho!

Tem gente que, ao vender, sente-se "pedindo", enquanto outros têm vergonha de fechar negócio, dar seu preço. O que mais existe é quem não consegue lidar com esse assunto, seja por medo ou por vergonha, como se vendedor não fosse a profissão mais democrática do mundo. Não importa de onde você veio: se aprender a ser um bom vendedor, existe oportunidade para você prosperar e mudar de vida. Só que, para ser bem-sucedido na área, é preciso muita prática, ter paciência para desenvolver relacionamentos, gostar de conhecer o cliente e de ajudá-lo.

Ao longo dos anos, realizamos diversas pesquisas com os mentorados e formandos da Academia. Ficou claro que ==uma boa estratégia de vendas é tão importante quanto o próprio produto==. Trabalhamos tudo com muito cuidado: o produto, a entrega, a diferenciação, o atendimento; mas o que realmente faz a diferença é a venda.

Por conta dessa importância, entendemos que a contratação de vendedores deve ser um processo minucioso, não apenas pedir currículos ou pegar qualquer vendedor do mercado (ou até do concorrente) e adicioná-lo ao quadro funcional. Na nossa empresa, trabalhar com vendas é trabalhar com liderança e cultura. E é essa noção que faz o negócio decolar.

Entenda: ==o empresário precisa ser vendedor porque vender é, antes de tudo, liderar==. É saber lidar com pessoas, com os problemas delas, enxergar "onde o calo aperta" para aquele cliente, desenvolver relacionamentos, entender as necessidades e os desejos do público-alvo e da própria equipe. E apenas os bons líderes, com olhos e ouvidos atentos às necessidades dos clientes, conseguem ser bons gestores de vendas.

Vender é resolver o problema de alguém.

@alanspadone

COMO CONTRATAR PARA A ÁREA DE VENDAS

Como essa é uma área democrática, a contratação é um grande desafio. Afinal, o seu processo seletivo segue um fluxo diferente dos outros setores da empresa. Não existe um curso de graduação focado em vendas, como é o caso de outras profissões, por exemplo. E, ao mesmo tempo que ter profissionais de áreas diversas seja a graça de um bom time de vendas, é também um obstáculo, pois exige atenção e muita sensibilidade do gestor/empreendedor para perceber os talentos e as falhas de um candidato.

Durante um processo seletivo, é importante ficar atento a três características dos candidatos.

A primeira é a **ambição**, reconhecendo-a em si mesmo e em cada membro da equipe de vendas. E aqui cabem algumas explicações sobre o conceito de ambição. A maioria das pessoas confunde ambição com ganância. Ganância é fazer tudo para ter o que deseja, inclusive passando por cima dos seus princípios, ferindo a sua ética, deixando vítimas pelo caminho. Já a ambição é o desejo ardente de ter algo, de construir uma vida melhor. Vendedor sem ambição e sem clareza do que quer, não chega a lugar nenhum. É o cara que deixa de atender um cliente porque ele ligou às 17h de uma sexta-feira.

A ambição pode ser treinada. E é até simples: basta aprender a visualizar o que deseja – como já vimos algumas páginas atrás. Treinar a ambição é estabelecer uma relação sensorial com os seus sonhos. É saber como é a luz da tarde na casa que você gostaria de comprar, o cheiro do carro que um dia você ainda vai ter. É passar na frente da escola em que gostaria de matricular seus filhos antes de ir para o trabalho, para ver como é a entrada das crianças, quem seriam os amigos deles. Essa conexão sensorial que se cria com a recompensa ativa a ambição quando você está no campo de batalha, no dia a dia, que é quando as pessoas costumam desistir dos seus sonhos se eles não estiverem firmemente gravados em sua alma. Nós só lutamos pelo que temos clareza. Por isso, você precisa saber, viver e sentir aquilo que quer.

Um dos indícios de que o candidato tem ambição é quando o salário fixo não importa tanto assim para ele. Claro, o valor deve ser justo, é preciso remunerar bem as pessoas pelo seu trabalho. Estou me referindo a detalhes, como alguém que deixa uma oportunidade passar por questão de cem ou duzentos reais a mais ou a menos. Pessoas assim não conseguem viver de venda, pois, querendo ou não, é uma remuneração flutuante. Há meses em que você vai estourar de vender, mas, em outros, você vai bater a meta no limite. Faço questão de comissionar muito bem e, por isso, alguém que negocia muito o fixo deixa claro que pode ir embora por pouco. O plano dessa pessoa não é viver de vendas.

Outro indício para saber se o candidato tem ambição é identificar o objetivo dele. Se durante a entrevista ele informar que enxerga a área de vendas apenas como uma transição para outra, não o contratamos. Essa característica não se encaixa no nosso ecossistema, pois nosso foco é reter pessoas ambiciosas, que almejam crescimento, fazer carreira.

A segunda qualidade para trabalhar em si e buscar nos candidatos é **saber administrar as frustrações**. O vendedor é aquele que lida todos os dias com o "não". Se você só ouvisse "sim", não seria um vendedor, mas um tirador de pedido. É preciso saber lidar com a esquiva do cliente, não desistir nem se desesperar ou ficar chato. Ou seja, ter inteligência emocional. Quem consegue administrar bem a frustração do "não" sabe continuar com o cliente quando ele tem potencial, mas também sabe a hora de abrir mão.

Para converter vendas, ou seja, transformar "não" em "sim", o vendedor, além de precisar ter a já comentada ambição, precisa conhecer a fundo a marca e admirá-la. Faça perguntas para entender se aquela pessoa acompanha as novidades nos produtos/serviços da empresa, por exemplo. Quem tem respeito pela marca e a admira não está ali só pelo dinheiro. Isso é importante, pois qualquer início em vendas é frustrante. Nem sempre o profissional ganhará quanto acredita que merece. No entanto, a evolução acontece muito rápido – para quem acredita na marca.

A terceira característica tem a ver com **estudar técnicas de vendas**. Saber como e quando fazer perguntas, qual a hora certa de falar. O grande vendedor não é um falastrão tagarela. É uma pessoa que confia em si e na marca, que sabe o que quer e onde quer chegar. Sua firmeza é notória ao demonstrar que o seu destaque não é a sua técnica de convencimento, mas, sim, a sua convicção sobre a marca e o produto. E esse grande vendedor precisa ser mantido na sua empresa, porque ele vale ouro.

Essas técnicas de venda só funcionam para quem tem ambição e sabe administrar a frustração. Sem essas qualidades, é impossível aplicá-las, pois no primeiro "não" que a pessoa ouvir, a mente dela vai sabotar todo o processo. Mas, antes de nos aprofundarmos nesse assunto, vamos falar um pouco mais sobre liderança e como administrar uma equipe de vendas a fim de ter uma alta retenção de capital humano.

DÊ PERSPECTIVA DE CRESCIMENTO

Quando você está contratando para vendas, é importante sempre dividir os cargos entre júnior, pleno e sênior. Na verdade, indico essa estrutura para todas as áreas de uma empresa, mas em vendas é essencial, pois deixa claro que há um plano de crescimento. Não é só uma promessa vaga, sem data para acontecer.

O plano de carreira do vendedor precisa contemplar dois tipos de crescimento: por tempo, com avaliações periódicas – indico que sejam trimestrais –, e por resultado. Funciona assim: se o vendedor fez determinada quantidade de vendas na avaliação trimestral, já parte para a próxima faixa de remuneração, até o momento de chegar à gerência e à coordenação – nesse estágio, montamos um time para ele liderar.

Na minha empresa, a maioria das líderes de vendas são mulheres e, por esse motivo, são chamadas de Espartanas. O nome é uma referência às espartanas da Grécia Antiga, que, ao contrário das atenienses, eram conhecidas pela liderança, competência e pela disciplina.[13] É daí que vem a raiz do nome da equipe: "Esparta"; e o AS no final é da nossa marca, formando as EspartanAS. Elas têm coletes com essa indicação, o que serve para reforçar a noção de que são um time, um exército dentro da empresa.

Fazemos diariamente reuniões com os coordenadores, e de segunda a sexta o dia começa com uma reunião de alinhamento sobre as nossas expectativas para o dia. Liderar é dar autonomia para que aquela pessoa busque soluções e resultados, mas sem deixar de monitorar. Quem monitora não é pego de surpresa com metas não batidas no final do mês, porque acompanha as dificuldades, onde o processo está travando, se aquela equipe consegue trazer novos clientes, se atende bem as recorrências.

---

13. MARK, J. J. Mulheres espartanas. **World History Encyclopedia.** Trad. por Criss Freitas. 14 jul. 2021. Disponível em: https://www.worldhistory.org/trans/pt/2-123/mulheres-espartanas. Acesso em: 8 dez. 2023.

O empresário precisa ser vendedor porque vender é, antes de tudo, liderar.

@alanspadone

Nessas reuniões, compartilhamos insights sobre objeções que aconteceram no dia anterior e como podemos trabalhar para quebrá-las. É o momento de trocar informações, crescer em conhecimento e aprimorar o mindset. Porque venda, assim como a liderança, é mindset, é alta performance. Também elogiamos aqueles que venderam mais, abrimos a conversa para quem está com dificuldades e damos dicas de como superá-las.

Desenvolver pessoas é o que diferencia uma área de vendas que dá certo de uma que está em apuros, e não sou só eu que estou dizendo. Pensar em desenvolvimento de comportamentos é tendência de quem olha para a área com a maior atenção. Em uma entrevista ao HBR IdeaCast, o professor da Harvard Business School, Frank Cespedes, afirmou perceber que a maioria das empresas não investe o suficiente no desenvolvimento de suas equipes de vendas.[14] Ele argumentou que alinhar a estratégia de empresa com as vendas não envolve apenas comunicar suas ideias de maneira eficaz. É preciso contratar com cuidado e usar incentivos inteligentes para orientar o comportamento. Isso significa prestar atenção para ampliar as habilidades de seus vendedores à medida que os mercados e as demandas mudam. Ele comenta que muitas empresas mantêm melhor seus equipamentos do que desenvolvem seu pessoal. E, infelizmente, é verdade, ainda mais nas empresas com muita rotatividade na área de vendas.

Cespedes critica que gerentes sem muito tempo tendem a fazer as avaliações de desempenho em conversas rápidas sobre

---

14. ALIGN your sales team with your strategy. **Harvard Business Review**. 3 maio 2023. Disponível em: https://hbr.org/podcast/2023/05/align-your-sales-team-with-your-strategy. Acesso em: 8 dez. 2023.

remuneração, sem abordar críticas, análises e o desenvolvimento dos funcionários. São momentos que poderiam ser usados para influenciar comportamentos em muitos negócios, mas isso não ocorre. E alinhar esses comportamentos, em especial quando lidamos com a área de vendas, é uma questão principal, segundo o professor – é o centro de tudo. Afinal, os negócios, de acordo com ele, são uma arte performática.

Na Spadone, nós entendemos que existem, sim, profissionais que são bons de venda no mercado, mas lutamos para que internamente as pessoas conquistem e cresçam cada vez mais. Então, a primeira opção para vender, liderar e supervisionar sempre virá de dentro da empresa. Preferimos dar oportunidade a uma pessoa que começou lá embaixo na empresa e conquistou seu espaço a contratar um funcionário sênior do mercado. Afinal, essa pessoa cresceu conosco e, por isso, além de ter técnica, tem a nossa cultura.

COMUNICAÇÃO E RECOMPENSA

Atualmente, nós trabalhamos com quatro times: franquias, treinamentos presenciais, treinamentos on-line e vendas de produtos. E uma das coisas mais interessantes é que criamos uma cultura de esses times conversarem entre si. Eles têm consciência de que são parte de um único ecossistema e que se ajudar é desejável e lucrativo.

Funciona da seguinte maneira: muitos dos clientes desses times são clientes em potencial de outro time, então eles ganham uma bonificação por cada indicação registrada. Isso significa que, além da própria comissão, quando eles indicam para o parceiro, ganham um extra. Porque muitas vezes um aluno do curso está procurando uma franquia, um franqueado precisa de produtos ou de treinamentos para os seus funcionários e assim vai. Desse modo, o ecossistema se alimenta naturalmente – mas sempre valorizando os esforços desses times em se comunicarem.

Outro ponto muito importante é que a todo tempo o nosso coordenador de vendas, o Head Comercial, mostra a transformação de vida que as alunas estão tendo a partir dos nossos produtos e treinamentos. Fazemos questão de trabalhar duro com esse tipo de motivação baseada em fatos para mostrar aos membros do time de vendas que eles não são só atravessadores de um produto. Eles precisam entender que, quando oferecem um produto ou serviço para uma pessoa, ela vai ter a vida transformada, e eles ajudarão alguém a prosperar, a mudar para melhor. O trabalho de vendas é cheio de propósito para a sociedade.

Para treinar a coordenação e o estímulo ao crescimento da gerência, nós dividimos as equipes entre iniciantes e experientes. O time remoto, que cuida das vendas on-line, é o iniciante, que começa vendendo os treinamentos mais baratos, enquanto os vendedores dos cursos presenciais trabalham com tickets mais altos.

Como o nosso foco é desenvolver liderança, um vendedor interno dos cursos presenciais coordena sempre uma equipe de três vendedores externos de cursos remotos, para que a responsabilidade e a liderança estejam sempre em dia para ambas as partes. Assim, quando esse profissional cresce e é promovido, ele já tem experiência de liderança e passou por alguns desafios desenvolvendo pessoas para que elas possam crescer internamente. Nossa ideia sempre é preparar esses discípulos com espírito de liderança, porque assim nenhum colaborador é dependente. Vamos ter pessoas que vão poder cuidar de um time a qualquer momento.

Algo muito bacana dentro da cultura de comunicar e bonificar é que o Head Comercial busca entender a fundo o que é de valor para o colaborador, porque eles estão sempre se comunicando. As pessoas têm necessidades distintas: tem colaborador que precisa de mil reais adiantados para uma emergência, enquanto outro está precisando de férias ou quer fazer um curso no exterior para se aprimorar, ou quitar o apartamento. Cada um tem um sonho, e entender o que a pessoa quer e usar o momento da bonificação para presenteá-la com o que ela sonha é poderoso. É mais do que uma remuneração em função de entrega de resultado, é uma cultura de se importar com aquilo que é valoroso para os membros do seu time. Queremos que nossos colaboradores saibam (e sintam) que são importantes para nós, e isso precisa ser autêntico.

Além disso, existe o clássico sino na sala, que eu já sei que existe em muitas empresas. Em geral as empresas só tocam esse sino quando a equipe bate a meta, mas por aqui é importante comemorar cada pequeno passo. Toda vez que um funcionário faz uma venda, ele é estimulado a tocar o sino, para que todo mundo comemore junto e celebre o progresso dele. Porque mais uma vida está sendo transformada com as nossas entregas. É saber que aquele grupo está com você, torce e vibra com você. Essa pessoa será aplaudida por todos da equipe, sendo motivada e motivando também, mostrando que é possível sempre dar o próximo passo, conquistar o próximo cliente. O sino existe para que o momento da conquista, da virada, seja registrado coletivamente.

Além de motivar a equipe e o vendedor, ele é um símbolo de conquista, que reforça toda vez a busca pelo resultado. Vira um reflexo pavloviano, que vem da descoberta do fisiologista russo chamado Ivan Pavlov,[15] ganhador do Prêmio Nobel, que estudou o reflexo condicionado. A experiência clássica dele é a do cão que, sempre que era apresentado a um pedaço de carne, salivava. Quando esse momento foi acompanhado de uma campainha, repetidas vezes, ficou comprovado que o cachorro, depois de um tempo, salivava só de ouvir a campainha – nem precisava mais ver ou cheirar a carne. A campainha se tornou um sinal da carne que viria depois. Todo o organismo do animal reagia como se a carne já estivesse presente. E isso é um grande recurso de aprendizado, utilizado até hoje. O sino serve para que mesmo quem não fez a venda sinta a sensação de vitória, conecte-se com aquela venda do colega e consiga dar um gás no próprio trabalho.

ESTRUTURA DO TIME DE VENDAS

No setor de vendas, nós temos mais três times acoplados: social seller, que cuida de vendas nas redes sociais; o CS (*customer success*, ou sucesso do cliente); e o pessoal de cobrança.

Social seller é quem responde às mensagens de redes sociais no ecossistema da empresa. Esse time precisa estar muito próximo da equipe de vendas para entender qual é a comunicação efetiva para ajudar aquele cliente em potencial a ter uma melhor experiência e, por consequência, precisa ter acesso livre aos vendedores para sanar dúvidas e reagir rápido às perguntas dos clientes nos chats de redes sociais. Quando as dúvidas do cliente são sanadas, ele é conduzido pelo social seller para a próxima jornada, que é comprar um

---

15. AMARAL, J. R. SABBATINI, R. M. E. O que é o reflexo condicionado. **Cérebro & Mente.** Disponível em: https://cerebromente.org.br/n09/mente/pavlov.htm. Acesso em: 8 dez. 2023.

produto da esteira, e é repassado para a área responsável. E, claro, a pessoa responsável da equipe ganha uma bonificação por isso.

Já o CS é um time que só pensa em como gerar relacionamento com o cliente, nas estratégias e nos próximos passos junto ao mentor (no caso, eu, que entrego conteúdos para esse time trabalhar). O CS não fica só esperando uma resposta reativa ou passiva. Ele vai atrás dos clientes para entender em qual nível a pessoa está e, assim, indicar a ela o próximo passo para que evolua. Além disso, procura quais são os momentos de fricção no processo e de que maneira aquele cliente pode se envolver ainda mais conosco. E isso também gera bonificações.

Já o nosso setor de cobrança trabalha de um modo diferente do convencional. Eles não apenas relembram os alunos dos boletos e dos vencimentos, mas aproveitam para observar o progresso deles nas formações, em prol de mapear os próximos passos. É comum alguém de CS ou cobrança perceber que o aluno não está na próxima turma, por exemplo, e perguntar se algo aconteceu, se está tendo alguma dificuldade em dar prosseguimento na sua formação. Mesmo a área de cobrança pode conduzir o cliente para o próximo passo (e ser bonificada por isso).

CORREÇÕES DE PERCURSO

Nem tudo são flores, não é? Uma empresa pode trabalhar com perfil de liderança se tiver exemplos e maneiras de lidar com isso. E, muitas vezes, desenvolver pessoas tem a ver com mostrar as consequências das ações ou da falta de ação. Vários profissionais, mesmo com acompanhamento diário, não conseguem bater suas metas ou aderir à cultura da empresa. Faz parte do jogo. Existem os que não têm perfil para aquele negócio, assim como quem acreditou que seria muito mais fácil só "puxar pedidos" de clientes da casa. Tudo isso precisa ser acompanhado, conversado e, na hora certa, podado. Nenhum negócio consegue manter vendedores que não estão trazendo faturamento para dentro de casa, que não cumprem com a estratégia da empresa. Aí, como se faz com um filho, às vezes você precisa aplicar punições para conseguir garantir que essas pessoas continuem progredindo – ou para deixar claro o caminho a seguir, se existe um futuro entre a empresa e aquele profissional.

Por exemplo, ontem eu disse para o meu filho quando ele estava comportando-se mal: "Se você continuar empurrando a sua irmã, eu vou tirar de você esse boneco, que é o seu preferido, e você não vai dormir com ele". É um boneco sem o qual ele não dorme. Eu avisei uma, duas, três vezes, explicando sempre por que era errado o que ele estava fazendo, que eu queria que ele parasse e o que aconteceria se ele continuasse. E meu filho empurrou a irmãzinha de novo, então fiz o que já tinha ameaçado: tirei o boneco dele. Quando o ciclo entre ação e consequência se completou na cabecinha do meu filho, ele chorou muito, mas nós não lhe devolvemos o boneco. Depois de uma conversa sobre isso, hoje ele está diferente com a irmã.

Dentro da empresa, sempre de modo coerente, precisamos estabelecer parâmetros para medir a performance dos colaboradores, entender qual seria uma meta plausível. Assim, se não cumprirem com aquilo e não explanarem quais dificuldades estão tendo ao longo do processo (não depois, durante, porque tiveram muitas oportunidades nas reuniões diárias para isso), entendemos que eles não entregaram o que tinham de entregar.

A cada trimestre, renovamos o quadro de colaboradores, fazemos avaliações de pessoal, bonificamos quem conseguiu se desenvolver. Avaliamos se quem ficou em último lugar nas vendas não atingiu a meta mínima (que sabemos que é razoável), mesmo tendo sido cuidado e monitorado. Se esse for o caso, entendemos que a pessoa não se enquadra com a cultura e performance que nós queremos. Então, ela será desligada da empresa.

É importante que o time saiba disso, que entenda esse critério, porque se todo mundo está na mesma página, as pessoas sabem que não podem fazer menos do que aquilo. E a equipe precisa procurar recursos dentro dela mesma para fazer o negócio acontecer.

AS TÉCNICAS DE VENDAS QUE CONQUISTAM NATURALMENTE

Faz parte do estigma da área de vendas acreditar que existem técnicas infalíveis para manipular os clientes. Isso é uma grande balela. Na verdade, vender é uma dinâmica de relacionamento, e não cabe manipulação em uma boa venda. É por isso que você precisa trabalhar três pontos sensíveis para vender bem: **autoridade**, **preço** e **venda consultiva**.

Quando me refiro à **autoridade**, quero dizer ser referência naquilo que está vendendo. Posicionar-se como o melhor serviço, o melhor produto, mesmo que você esteja apenas começando. O ponto central de construir autoridade é **ser** antes de **ter**. Você não precisa ter milhares de clientes para mostrar que domina o assunto, para deixar claro que é a melhor pessoa para ser contratada para aquilo. Basta ser e não ter medo nem vergonha de comunicar quem você é. Claro, ter *cases* e clientes para mostrar ajuda, e muito, a construir autoridade, mas quando ainda não se tem essas provas, você mesmo precisa ser a maior força de autoridade. Para que isso aconteça, comporte-se como a pessoa que você quer ser. Quem quer ser professor precisa se comportar como professor para ter alunos. Precisa postar dicas de livro nas redes sociais, estruturar conteúdos, responder dúvidas – e só depois disso abrir um curso e começar as vendas.

A autoridade é construída na frequência. Você precisa estar presente nas redes sociais, onde pode ser achado com facilidade, porque as pessoas têm fome de consumir, e não vão deixar de fazer isso só porque você não está lá. Elas simplesmente vão optar por consumir com outras pessoas. Então, mostre quem você é, inspire confiança com seus conteúdos, mostre que estuda, evolui e se aprofunda no assunto.

Construa autoridade nos detalhes. A área da beleza me ensinou que detalhes fazem qualquer pessoa vender mais. Fotos boas inspiram muito mais confiança, porque aqueles clientes procuram qualidade estética. Além de aparecer nas redes sociais, entenda como fazer melhores imagens. Invista em um celular melhor, em iluminação. Preste atenção no seu visual, se está vestido de acordo com a sua imagem, se o cabelo está penteado, se o cenário de fundo está arrumado. Tratar a estética com capricho converte.

A segunda técnica de venda é estabelecer o **preço** certo para o seu produto ou serviço. Porque não existe produto caro, existe caro para alguém. O que é barato para um público pode parecer caríssimo para outro, certo?

Nunca queira ser o mais barato do seu nicho, porque é uma ilusão acreditar que se você for muito bom e barato o negócio vai lotar de pedidos. Explico melhor: na nossa cultura, temos a percepção de que tudo

O ponto central de construir autoridade é *ser* antes de *ter*.

@alanspadone

que é barato não presta e tudo que é caro é bom. Então temos a tendência de confiar na qualidade de um bolo que custa mais, por exemplo.

Ninguém nem olha para o mais barato. O que faz você conseguir cobrar mais é apresentar os benefícios, mostrar a transformação que aquele produto entrega para o cliente. Determinados produtos e serviços mais caros são consumidos porque sabem comunicar muito bem o valor percebido, e daí ninguém se importa de gastar um pouco mais com ele. Você consegue mostrar valor a partir do resultado.

O que nos leva à terceira técnica de vendas: **venda consultiva**. Você precisa ser muito mais do que um vendedor, e sim um consultor. Alguém que gasta tempo e oferece um olhar profissional para os problemas daquele cliente. Por exemplo, se uma cliente em potencial manda uma mensagem para saber o preço de algum serviço, nós respondemos, com todo o cuidado e paciência, que vamos passar o preço, mas antes gostaríamos de entender o que mais a incomoda em seus lábios, por exemplo. Se pode mandar uma foto, que vamos fazer uma avaliação grátis e enviar exemplos com algumas cores e trabalhos parecidos com o que ela quer. Isso é se comportar como consultor, passar segurança, mostrar os benefícios. É mais do que empurrar alguma coisa, é dar a informação necessária para aquela pessoa decidir que nós somos o melhor prestador de serviço para aquela necessidade.

Agir como consultor significa construir relacionamento, dar importância ao que o cliente diz, fazer com que ele se sinta ouvido e considerado em cada etapa. Com essa segurança, as objeções vão caindo, e fica fácil passar o preço e fechar o negócio. Aquela pessoa embarca na sua convicção e tem certeza de que está em boas mãos – e isso é muito, mas muito melhor do que ficar dando desconto ou insistindo para que o cliente compre, não é?

O SEGREDO DE OURO: COMO ATIVAR O "MODO EXECUÇÃO"

Na área de vendas, a inércia é como uma criptonita – tanto para o vendedor quanto para o cliente. É por isso que sempre valorizamos a execução e as estratégias que colocam a equipe e os clientes em movimento, para que eles despertem da inércia. Ao longo dos anos, entendi que toda ação começa no plano das ideias, e uma pessoa só vai se mexer e sair da zona de conforto se for persuadida a fazer isso.

Qual é o verdadeiro valor da execução? Como posso persuadir indivíduos a abandonarem essa sensação de estarem estagnados? Existem alguns ciclos que podem auxiliar nesse processo. Uma técnica muito eficaz para entrar em modo de execução é o que podemos chamar de "céu e inferno" – um princípio que se aplica tanto aos colaboradores internos quanto aos externos, incluindo os clientes. Como posso levar um cliente a tomar uma decisão de compra ou a fazer uma mudança em relação a um produto? Nós aplicamos uma abordagem em que fazemos perguntas que incentivam o cliente a refletir e responder a si mesmo. Desse modo, ele considera as recompensas, os ganhos que viriam com essa decisão.

Lembra-se do exemplo que dei sobre educar o meu filho? Mostro para ele que a consequência de empurrar a irmã é perder o brinquedo, já a consequência de tratá-la bem é ganhar o brinquedo de volta. Essa é a parte positiva, o "céu". A conexão com as recompensas é crucial, e nós funcionamos assim desde muito pequenos, entendendo perdas e ganhos a partir de nossas ações. Pessoas são mais propensas a agir quando têm clareza do que ganharão, quando a recompensa supera a eventual dificuldade do processo.

Entretanto, há momentos em que é necessário descer para o "inferno", onde as coisas podem ser difíceis e desafiadoras. Isso envolve mostrar ao cliente que, se ele não agir, permanecerá na mesma situação ou até mesmo sofrerá perdas. É aqui que entram as perdas e a mensuração delas. Perguntas essenciais devem ser feitas: "E se você não tomar a decisão de compra? Como você se imagina daqui a cinco anos? O que aqueles que o amam dirão sobre você?". Portanto, é importante explorar as emoções ligadas às perdas. Esse fator emocional é um componente crucial para a tomada de decisões, para a movimentação das pessoas para longe da inércia.

Agora você concorda comigo que as vendas são a coluna vertebral da empresa? E que para conseguir conversões expressivas é preciso ter uma boa liderança? Entenda: liderar e desenvolver pessoas faz com que bater meta seja apenas um dos processos que você está vivendo com o seu time. Aliás, o tema do próximo capítulo é exatamente sobre um processo fundamental: o de gestão e cultura. Vamos nos aprofundar na construção da imagem e do espírito da empresa que traz resultados. Sigamos!

Se construir uma máquina de vendas que rode sem a sua presença faz sentido para você, prepararei mais uma aula daquelas sobre construção de uma equipe comercial de sucesso. Basta acessar a guia "Vendas e Liderança" em **www.alanspadone.com.br/formula** para ter acesso ao material, ou apontar a câmera do seu celular para o QR Code a seguir.

CAPÍTULO 5

Gestão e cultura: o diamante que é lapidado pela pressão da liderança

G estão é o processo de planejar, executar, orientar e medir as tarefas que precisam ser feitas para chegar a determinado resultado. Um erro muito comum do empresário é acreditar que só porque fundou uma empresa, é automaticamente um bom gestor. É imprescindível se preparar e dominar conceitos, para só assim conseguir executar as melhores práticas e ferramentas voltadas à sobrevivência, crescimento e expansão dos negócios. A verdade é que estudar gestão não é um luxo, é necessidade.[16]

Primeiro é importante entender que quase todas as partes da gestão hoje podem ser automatizadas ou terceirizadas: financeiro, controle de tarefas, acompanhamento de projetos, controle de estoque, logística. Repare que eu usei o "quase", porque é impossível repassar o pilar mais importante da gestão para uma máquina, uma empresa terceirizada ou inteligência artificial: cultura. Ao falar de cultura, estamos falando de liderança e pessoas, e nada é feito em um negócio sem esses elementos.

Começamos a empresa com um foco muito grande em vendas – e minha primeira lição de cultura para fazer esse time acontecer foi mostrar que é preciso ter confiança em si mesmo, na equipe e na empresa. A sua arma mais poderosa é acreditar em si mesmo.

---

16. GESTÃO empresarial: o que é, como funciona e como aplicar. **FIA Business School**, 22 ago. 2018. Disponível em: https://fia.com.br/blog/gestao-empresarial/. Acesso em: 8 dez. 2023.

Em um dos meus livros, o *Como construir um império*,[17] inicio o treinamento com essa base, afirmando que autoconfiança é essencial em todas as áreas da vida. É ela que rompe barreiras. Assim, é uma premissa para o seu avanço pessoal, profissional e para desenvolver boas práticas de liderança.

A confiança majestosa está relacionada com se respeitar primeiro, para, por consequência, ser respeitado pelos outros depois. Além disso, pessoas autoconfiantes despertam admiração no time e o inspiram a buscar resultados cada vez melhores, a fazer vendas mais elaboradas e a encontrar soluções para as objeções dos clientes.

AUTOCONFIANÇA

Autoconfiança é um elemento essencial para quem quer ser bem-sucedido nos negócios. É o que define se o seu sonho vai dar certo ou errado. No entanto, apesar da importância que ela tem, não é o caso de se desesperar se você não se sente autoconfiante no momento. ==Autoconfiança é construída aos poucos, em cima de momentos de insegurança e medo pelos quais você passa.==

Sei que é difícil. No começo, também não me senti confiante. Foi algo em que trabalhei ao longo dos anos, à medida que ia transpondo os obstáculos que se apresentavam em minha jornada.

A autoconfiança pode ser definida em um conceito simples: fé. Aprendi que para desenvolver uma autoconfiança majestosa, é preciso ter um entendimento profundo da própria espiritualidade. Muitas lições valiosas que aplico na minha vida não foram coisas que criei, mas que aprendi em livros – no meu caso, a Bíblia é o principal deles.

---

17. SPADONE, A. **Como construir um império.** Maringá: SHS editora, 2022.

Não importa a sua religião. O exercício da fé é acreditar e viver como se você já tivesse alcançado o que deseja, porque essa fé é desenvolver um relacionamento genuíno com o Criador do Universo, aceitando que você é filho dele. E essa filiação celestial lhe confere autoridade e, como consequência, autoconfiança.

Acredite em si mesmo, pois quem rege o Universo acredita. Na Bíblia isso fica claro, por exemplo, quando estudamos a trajetória do rei Salomão, considerado o homem mais sábio da história. Salomão estava prestes a perder o pai, o rei Davi, e ainda era muito novo. Ele desabafou com o pai sobre a insegurança de se tornar rei, pois não tinha ainda a sabedoria, a experiência e o conhecimento necessários para governar e construir o grande templo que estava nos planos divinos. Davi concordou, mas confiava no filho porque, antes de tudo, confiava em Deus. E se Deus desejava que Salomão fosse o responsável por aquela obra e governasse o povo, era porque o filho era capaz de tal. Percebe como há uma corrente de confiança nesses relacionamentos? Entre as pessoas, entre Deus e as pessoas, e entre as pessoas e si mesmas?

Ter uma confiança inabalável em si mesmo não significa que não existam dificuldades. Você vai errar muitas vezes, mas esses momentos não definem a sua conquista, e sim o quanto você acredita e insiste em dar certo – e carrega a sua equipe com você.

A confiança também é o melhor combustível para enfrentar a realidade quando ela é brutal. Aprendi isso no livro *Empresas feitas para vencer*.[18] Nele, o especialista em negócios Jim Collins fez um amplo estudo das empresas que saíram de "boas" para sucessos estrondosos. Esses negócios têm algumas coisas em comum que

---

18. COLLINS, J. *Empresas feitas para vencer*. Rio de Janeiro: Alta Books, 2018.

vamos explorar aqui, focando três pontos que vamos analisar a seguir: **encarar de frente fatos brutais, Liderança Nível 5**, e **trazer os talentos certos**.

O LÍDER CONFIANTE SERVE DE EXEMPLO

Para passar de boas a excelentes, as empresas precisam enfrentar os fatos brutais. Não podem ignorar a realidade em momento algum. Collins descreve a experiência do almirante James Stockdale – o prisioneiro de guerra americano com a classificação mais elevada na Guerra do Vietnã – chamando-a de "o Paradoxo de Stockdale".[19] Stockdale ficou preso por mais de sete anos. Durante esse tempo, muitos dos seus companheiros de prisão perderam a vontade de viver. E surpresa: eram os otimistas. Aqueles que diziam que "vamos sair no Natal", "até a Páscoa estamos livres!" ou no "próximo aniversário" e, quando isso não acontecia, perdiam a esperança.

Em contraste, Stockdale vivia dia a dia, aceitando a realidade brutal da sua situação de prisioneiro de guerra. Mas ele nunca perdeu a autoconfiança nem a fé de que sairia vivo e de que isso se tornaria o evento decisivo de sua vida. Collins e a sua pesquisa ilustram a necessidade de desenvolver a confiança necessária para enfrentar o futuro, com uma determinação inabalável de encarar os fatos, por mais duros que sejam.

Collins sugere que as grandes empresas mantenham esse compromisso inabalável com a realidade. A ignorância ou a negação são inimigas do progresso. Confie que você chegará ao seu destino, mas aceite tudo o que a vida oferecer sem fugir da brutalidade dos fatos

---

19. COLLINS, J. *op. cit.*, p. 70.

– sejam eles quais forem: a conta do banco, a folha de pagamento, os números do histórico de vendas.

Outro ponto que Collins defende e ao qual aderi é que a liderança na empresa gera a gestão e a cultura certas. Esse líder precisa acreditar em si mesmo, acreditar no propósito da empresa e trazer as pessoas para perto liderando pelo exemplo.

No estudo que fez com empresas vencedoras, Collins percebeu que todas tinham a mesma qualidade de líderes, com características muito específicas. Ele chamou isso de Liderança Nível 5. Havia algo diferente em seus CEOs: eles tinham uma grande humildade e o desejo de fazer a coisa certa para o bem da empresa, e não para si mesmos. Collins definiu diferentes níveis, e a Liderança Nível 5 era o auge. O líder desse nível prioriza sempre a excelência da companhia, transformando sua ambição e canalizando seu ego em prol de um bem comum. É alguém humilde e com uma firme determinação profissional.

Abraçar os princípios da Liderança de Nível 5 pode ser a diferença entre o sucesso passageiro e a excelência duradoura. Dos empreendedores que conheço, os mais bem-sucedidos são pessoas humildes, ou seja, que entendem que não sabem tudo. E, em todos os casos, eles são motivados a fazer a coisa certa pelos seus funcionários, acionistas e clientes. São, além de tudo, alimentados e nutridos pela possibilidade de mudar vidas dentro e fora da empresa. O líder não apenas estabelece metas, mas está presente e de olhos e ouvidos bem abertos às necessidades de seus colaboradores e às dores dos clientes.

Não meça esforços para explicar algo à sua equipe. Lembre-se: é sua função formar e desenvolver pessoas e, acima de tudo,

Autoconfiança é construída aos poucos, em cima de momentos de insegurança e medo pelos quais você passa.

@alanspadone

trazer os talentos certos para perto de si. Reforço, porque é muito importante: saber o potencial do colaborador, seus objetivos e o que move o coração dele vai não só trazer mais felicidade para aquela pessoa, mas também colocá-la em uma situação em que ela apresentará mais resultados. Às vezes, você perde um ótimo profissional por não saber, por exemplo, o que ele ambiciona para o futuro e quais são suas habilidades não necessariamente ligadas à sua ocupação atual. Essa pessoa poderia estar em outro setor, contribuindo muito mais para a empresa e sendo muito mais feliz.

Vamos imaginar que as pessoas são como barris de pólvora. Muitas vezes, esses barris estão molhados, incapazes de se inflamar imediatamente. A pólvora está lá, pronta para ser acionada, mas há bloqueios oriundos da infância e crises de identidade que agem como a umidade. O papel do líder é ajudar o colaborador a derrubar esses bloqueios, a despertar o potencial das pessoas, fazê-las sair da inércia e enxergar novas e frutíferas possibilidades.

O Líder Nível 5 é autoconfiante. Sabe do seu valor, onde quer chegar, e repassa essas certezas para a equipe, servindo de exemplo para que todos tenham a mesma conduta e, quem sabe, quando forem líderes no futuro, fazerem o mesmo. Todo mundo pode se desenvolver como líder, mas sei que pode ser mais fácil para uns do que para outros. Por isso, listei a seguir quatro passos que aumentam a autoconfiança quando o assunto é liderar:

- Alimente a sua vida espiritual. Não deixe de lado seus momentos de reflexão, meditação ou oração. Cinco minutos são o suficiente para realinhá-lo com o seu propósito e a sua motivação.

Eu, por exemplo, recorro todo dia às promessas divinas que estão na Palavra de Deus.

- Ande com pessoas que levarão você para o alvo. Não se envolva com as que não estimulam o seu processo de avanço, as negativas e as vitimistas. A famosa frase "Você é a média das cinco pessoas com quem convive" é muito verdadeira. Não se deixe influenciar por negativismo ao seu redor, por pessoas sem autoconfiança; uma hora elas o convencerão de que você também é assim.

- Invista tempo em você. Aprenda, fortaleça-se. Leia livros, ouça mensagens que o estimulem e gerem esperança. E, principalmente, tenha práticas e hábitos concretos.

- Use palavras de afirmações todos os dias ao acordar. Construa por meio delas quem você deseja se tornar, declarando e visualizando a construção do seu império. Declare que você nasceu para dar certo e que nada muda isso. Inspire-se na sua fé, na sua família e em pessoas que fazem parte do seu caminho na edificação do seu futuro.

CRIE UMA CULTURA APAIXONANTE

Quando você tem a liderança certa e uma equipe talentosa (já vamos falar disso), começa a criar uma cultura empresarial. A cultura nasce do fundador, mas não consegue se sustentar apenas com ele. Eu já tive vários colaboradores que poderiam estar ganhando mais em outros lugares, mas que ficaram pelo propósito deles mesmos e da empresa, pela cultura que estava sendo construída ali.

Dinheiro obviamente é importante, mas todo mundo que já trabalhou em um ambiente tóxico sabe que esse tipo de dinheiro não vale a pena. O salário não é fator decisivo para segurar alguém em uma empresa. O que segura é para onde a empresa está indo, as possibilidades de crescimento, de bem-estar e de prosperidade.

Quando falamos de cultura, nos referimos ao que a empresa acredita, para onde ela está indo, sua missão, sua visão, seus valores. É nesse ambiente em que o colaborador vive, então é preciso ter afinidade com ele. As pessoas devem saber quais papéis desempenham ali, a relevância, o que estão construindo para o futuro.

Um colaborador, quando tem consciência de para onde a empresa está indo, respeita a marca e naturalmente deseja permanecer naquele ambiente. Quem está muito alinhado com a liderança e com a cultura da empresa supera problemas quando a organização está passando por uma fase difícil. Aqueles que não estiverem alinhados vão embora. E o líder não pode ter medo de perder um colaborador. É natural algumas pessoas ficarem e outras não.

Não seja refém de equipe que não tem nada a ver com a cultura da empresa. Deixe claro para os seus colaboradores que você gosta deles e conta com eles, mas que, se de fato não quiserem estar ali, você vai abrir espaço para pessoas mais alinhadas com o projeto.

Não seja refém, mas também não seja um carrasco. Há uma situação muito comum em empresas: profissionais brilhantes se perdendo em cargos de liderança por acreditarem que tudo se resume a mandar nos outros. Essas pessoas rapidamente perdem a credibilidade, porque liderar é servir. O líder de verdade é quem chega primeiro, é quem faz mais, é quem se coloca à disposição. Em final de mês, por exemplo, o líder não larga a equipe de vendas e vai embora enquanto ela está fazendo hora extra para bater a meta. Ele vai pôr a mão na massa, ligar para o cliente, ajudar seus vendedores no que for preciso e só sair dali quando todo mundo já estiver liberado. Essa presença faz os colaboradores terem certeza de que você luta com eles.

VALORIZE O CARÁTER ANTES DO TALENTO

Nada é mais importante para uma empresa do que o talento que ela emprega, o que Jim Collins chama de "colocar as pessoas certas no barco".[20] Trata-se de garantir que cada assento seja ocupado por indivíduos com o desejo de impulsionar a organização. Antes de traçar a direção ou definir a estratégia, o primeiro passo vital é montar uma equipe que incorpore o espírito e a visão da empresa. É um princípio que sublinha o papel do capital humano como alicerce do sucesso transformador.

Collins aponta que você precisa das pessoas certas no barco antes de decidir para onde quer que ele vá. Muitos empresários que conversam comigo juram que estão prontos para ter um time que é 100% de pessoas nota 10, mas a verdade é que, quando chega o momento de tomar as decisões para construir essa equipe, eles não são fortes o suficiente.

Em vários casos, por exemplo, eles não estão prontos para substituir funcionários que lhes dão sensação de conforto e continuidade, apesar de serem pouco produtivos, ou para transferi-los para outras funções. Mas se você não fizer isso, acabará com as pessoas e a cultura erradas. A faixa mediana dos seus colaboradores define os padrões de comportamento e a cultura da organização, e você construirá seu negócio em torno disso. É por isso que você

---

20. COLLINS, J. *op. cit.*, p. 70.

precisa dos melhores profissionais na sua equipe. São eles que vão definir o tom de como as coisas funcionam na empresa.

Esses profissionais, além de serem tecnicamente competentes, precisam ter um caráter sólido e ético. Afinal, talento nós ensinamos, e caráter não negociamos. Alguém competente, mas sem caráter, que é covarde, fará você abandonar qualquer projeto. Então, o ideal é ir em busca de pessoas motivadas e com o coração ensinável.

A seguir, listei algumas dicas sobre como se tornar um líder que atrai bons liderados:

- Confie em si mesmo, pois isso fará com que você seja motivo de inspiração.
- Desenvolva sua imponência, respeito e grandiosidade.
- Faça o que você ama, descubra o seu propósito e transforme vidas.

NÃO TERCEIRIZE SUAS RESPONSABILIDADES

Eu não nasci um ótimo líder, precisei estudar muito, me desenvolver e experienciar muita coisa – inclusive cometer muitos erros. No caminho de erros que já cometi, o maior de todos foi quando tentei terceirizar aquilo que impulsiona a empresa, o motor por trás dos resultados positivos: a liderança, a cultura e as vendas.

Muitos empresários, exaustos da linha de frente, começam a almejar se dedicar apenas à estratégia, declarando-se como "a mente por trás do negócio". Nesse ponto, muitas vezes acabam colocando alguém menos preparado nessa posição crucial, uma pessoa incapaz de assumir o comando de modo eficiente. Esse é, sem dúvida, o problema mais grave a ser evitado.

Você precisa dos melhores profissionais na sua equipe. São eles que vão definir o tom de como as coisas funcionam na empresa.

@alanspadone

O empreendedor deve permanecer à frente das operações, mas precisa estudar gestão, desenvolver líderes e pessoas de confiança para poder comandar com leveza, sabendo que a equipe dá conta – ainda que mediante sua supervisão. Ele pode reduzir seu envolvimento direto, mas não deve abdicar por completo dessa responsabilidade. Delegar demais, em especial nas partes cruciais, é um dos maiores equívocos cometidos.

Isso nos leva ao segundo grande erro: pensar que, ao delegar, automaticamente os encarregados vão desempenhar as funções de modo adequado. Pelo contrário, eles precisam de supervisão constante. Embora eu dedique a maior parte do meu tempo à operação, reservo alguns momentos específicos para visitar outras áreas.

E o terceiro erro crasso de gestão é a negligência quanto à gestão de caixa. A empresa deve, sim, estar disposta a correr riscos e enfrentar desafios, mas também deve manter uma reserva de caixa para ser sua rede de proteção, em prol de poder correr esses riscos. O caixa é o motor que impulsiona a empresa, proporciona tranquilidade ao empreendedor e oferece a flexibilidade necessária para investir quando surgirem oportunidades. A disponibilidade de recursos financeiros é crucial, e seu papel vital se reflete nas vendas.

Com autoconfiança, boa liderança, cultura sólida e os talentos certos, você consegue elevar o seu negócio de patamar – ou achou que eu ia ficar aqui gastando seu tempo falando de imposto e nota fiscal? Hoje existem soluções tecnológicas, rápidas e baratas para quase tudo que você precisa fazer na hora de administrar a empresa. Foque a gestão de que só você é capaz, aquela que eleva a cultura da empresa e faz com que as pessoas busquem as melhores soluções para as questões corriqueiras do dia a dia.

Para ter acesso a mais conteúdos de ponta sobre Gestão e Cultura de um time campeão, vá até a aba "Gestão e Cultura" no site **www.alanspadone.com.br/formula** ou leia o QR Code a seguir para destravar mais uma chave poderosa do seu negócio.

CAPÍTULO 6

Metodologia de ensino e ascensão

A grande virada da minha carreira começou com a micropigmentação, mas hoje, olhando para trás, eu entendo que a micropigmentação foi um meio para que eu cumprisse o meu chamado: ajudar as pessoas a acreditarem em si mesmas, a alcançarem seus sonhos. É por isso que insisto que você se fortaleça e não desista. Obstáculos vão aparecer, muita coisa vai dar errado, mas não se esqueça de que existe sempre alguém precisando do seu trabalho. Você não pode desistir. Esse alguém já conta com você, precisa e depende de você.

Como já deixei claro, considero o ensino a melhor maneira de ajudar alguém. Educação muda vidas, e traz mais credibilidade do que qualquer quantia. Vou compartilhar um exemplo que ilustra isso muito bem.

Logo no começo do meu casamento, dinheiro era algo que não sobrava. Mas a minha esposa, por um bom tempo, poupou para realizar um sonho antigo dela: colocar próteses mamárias. Quando conseguiu, marcou o procedimento. Um dia, faltando pouco tempo para a cirurgia, ela chegou em casa contando que acompanhou um retorno de uma amiga com outro médico, que fazia o mesmo procedimento, mas pelo dobro do valor. Minha esposa colocou na cabeça que queria ser operada por ele. Não importava que fosse mais caro, ela poderia pagar o valor parcelado. Ela apresentou vários argumentos e o principal foi: eu vi, eu comprovei, e ele disse que leciona em uma faculdade de Medicina. E foi esse título de professor que a convenceu, levando-a a outro lugar, um no qual o dinheiro não importava mais.

Eu estava no início da minha carreira em micropigmentação quando essa história aconteceu. E ela fez eu me questionar: as pessoas preferem fazer um procedimento com quem é aluno ou com quem é professor? Rapidamente, vendi meu carro, peguei o dinheiro e fui para fora do país – Flórida, nos EUA – participar de um treinamento com uma professora que me ensinaria a técnica e a didática da micropigmentação. Foi a melhor decisão que já tomei. Transformou a minha vida e a de muitas pessoas com as quais compartilhei o que aprendi depois.

Ensino é questão de relacionamento, é onde essa conexão se inicia. E, infelizmente, fala-se pouco sobre isso. Compartilhar conhecimentos é um círculo virtuoso que precisa ser construído de dentro para fora. Primeiro, você se conecta à sua fonte de conhecimento, depois se prepara para resolver os problemas do seu público.

No meu caso, algo que me ajudou muito foi fortalecer o meu relacionamento com Deus. Ele é o meu mentor principal. Apenas depois que comecei a ouvir seus ensinamentos e praticá-los em minha vida, pude buscar de coração aberto um mentor no mundo material: um ser humano que sente dor e comete erros como qualquer pessoa, mas que havia chegado onde eu almejava chegar.

Todos nós precisamos de um mentor para nos guiar na jornada da vida. É importante aprender com quem já viveu o que você está vivendo e pegar esse conhecimento todo a fim de alcançar o sucesso com mais segurança e confiança.

Essa pessoa não precisa estar ao seu lado falando o que fazer o tempo todo. Pode ser alguém que esteja ministrando uma aula, um curso on-line ou até que tenha escrito um livro bom. ==Ouvir os conselhos de pessoas experientes fará você economizar tempo e energia==. Ajudará você a mudar de caminho quando necessário e a pensar em estratégias para alcançar o seu objetivo.

O mentor, pelo fato de já ter percorrido o caminho, serve como um GPS que agiliza a chegada do seu mentorado e aluno no ponto desejado. Por isso, tenha atenção ao procurar um. A seguir, listei o que é mais importante quando se está buscando um mentor:

- Ouça: absorva as experiências daqueles que já trilharam o caminho e alcançaram o sucesso, eles podem oferecer direções e rotas claras.
- Seja crítico: não saia por aí ouvindo qualquer um que cruze seu caminho. Antes de seguir alguém como modelo, analise se os valores dessa pessoa se alinham com os seus. Escolha com sabedoria quem vai influenciar sua jornada.
- Cuidado com a obesidade mental: ficar ouvindo um monte de opiniões sem colocá-las em prática pode levar a uma sobrecarga mental. Isso não apenas limita sua capacidade de criar e produzir, mas também pode gerar desânimo, levando-o a desistir de seus projetos. Portanto, ouça, mas também coloque em ação.
- Tenha mentores, no plural: escolha pelo menos duas pessoas para serem seus mentores. Lembre-se de que todos precisam de orientação e direcionamento, e este é o papel do mentor: auxiliar na trajetória em direção ao sucesso. Caminhe ao lado de pessoas que podem ajudá-lo a obter os melhores resultados, mas não dependa completamente delas.

EDUQUE O SEU CLIENTE

Hoje em dia, comprar anúncios e oferecer o produto já não funciona mais. As pessoas têm muitos problemas e precisam descobrir se você é a solução para pelo menos um deles. E sabe como fazer isso? Em vez de oferecer o produto direto, você vai ajudar esse cliente oferecendo o seu conhecimento de expert.

A melhor estratégia é educar o cliente. Nem sempre quem procura um produto sabe que procura por ele. Por exemplo, alguém que vai comprar uma máscara de hidratação para o cabelo pode estar pesquisando no Google "como recuperar o cabelo seco depois de uma coloração". Essa pessoa ainda não sabe que precisa daquela máscara, mas quem vende a máscara tem a solução para aquele problema. Por isso, o jeito mais efetivo é produzir conteúdo que acompanhe esse cliente por todos os pontos da jornada. Desde explicar por que o cabelo resseca durante a coloração, até dar dicas de cuidados pré e pós tintura, falar dos melhores tipos de máscara e cronograma capilar, até finalmente fazer conteúdos apresentando os produtos. Oferecer todo esse conhecimento é muito valoroso. Essas pessoas que aprenderam com você se sentirão gratas; e, mais do que clientes, se tornarão a sua nação.

COMO SE TORNAR A SOLUÇÃO PARA A SUA NAÇÃO

Em primeiro lugar, transforme suas redes sociais no seu portfólio pessoal. De maneira autêntica e envolvente, mostre ao mundo o que você faz de melhor, suas conquistas e sua jornada. Esteja sempre antenado às mudanças. Adapte-se às novas tendências e oportunidades do mercado. Repito: seja a solução para os problemas do seu público e seja vocal sobre isso, compartilhe conhecimentos.

A melhor estratégia
é educar o cliente.

@alanspadone

Afinal, como seus clientes vão buscar ajuda se não souberem como você pode beneficiá-los?

A chave está em gerar valor e demonstrar que seu trabalho é exatamente do que eles precisam. Use vídeos, apareça nos stories, crie uma conexão real com os desafios que seu público enfrenta e apresente-se como a solução. Torne-se reconhecido pelo que faz, e isso abrirá as portas para expandir sua atuação de maneira significativa.

Aproveite este momento e verifique o seu conteúdo nas redes sociais. Pergunte-se, você é...

... uma solução real?
... a recompensa para alguém?
... a solução para a nação?

Separei para você os princípios que devemos seguir para ser, de fato, essa **solução** na vida dos clientes:

- Ouça a nação: antes de criar qualquer solução, é essencial compreender profundamente as necessidades, os desejos e as preocupações do seu público. Isso envolve não apenas ouvir o que eles dizem, mas também observar seus comportamentos e entender os problemas que enfrentam. A empatia desempenha um papel crucial aqui, pois permite que você se coloque no lugar dos seus clientes para compreender melhor suas perspectivas.
- Crie uma solução: depois de ter uma compreensão sólida das demandas da sua audiência, é hora de desenvolver uma solução criativa e eficaz. Isso requer um pensamento fora da caixa. Pergunte a si mesmo como você pode resolver os

problemas ou atender às necessidades identificadas de maneira única e valiosa. Busque inovação e diferenciação para se destacar no mercado.

☞ Devolva a solução para a nação: uma vez que você tiver uma solução sólida, é hora de apresentá-la ao seu público de maneira eficaz. Certifique-se de comunicar os benefícios da sua solução de maneira clara e convincente, destacando como ela pode melhorar a vida dos clientes. Criar a solução é apenas o primeiro passo. Você deve continuar aprimorando e refinando-a com base no feedback dos clientes e nas mudanças no mercado. Esteja disposto a ajustar e adaptar seu produto ou serviço para garantir que ele permaneça relevante e atenda às necessidades em constante evolução da sua audiência.

☞ Relacione-se! Como já frisei: tudo é questão de relacionamento. Nossa espécie sobreviveu e prosperou a partir da cooperação. Muita gente prefere acreditar que foi por causa da competição, mas um ser humano sozinho na natureza não dura muito tempo. Não somos muito rápidos, não temos a melhor visão, nem a melhor audição, nem somos tão fortes como diversos animais selvagens. A humanidade, em grupo, consegue ser poderosa.

Ao seguir esses princípios, você estará no caminho certo para se tornar uma verdadeira solução na vida dos seus clientes e alcançar o sucesso nos seus empreendimentos. No momento em que colocar essas diretrizes em prática, perceberá que não vai mais precisar se preocupar com o preço do produto e/ou serviço. Poderá cobrar quanto quiser por ele, pois o valor que gerará na nação será muito maior.

Por isso eu digo: a essência das relações humanas é buscar o ganha-ganha. Para se tornar um especialista em pessoas, você vai precisar adotar um estado de espírito que busca constantemente o benefício mútuo em todas as interações humanas. A partir do momento em que você pede algo, mas também está oferecendo algo igualmente valioso, fica fácil negociar, vender. Percebe como ensinar é essencial? Quando você entrega conhecimento para as pessoas, ativa o processo de ganha-ganha automaticamente, e elas se sentem confiantes para continuar consumindo os seus produtos/serviços.

TENHA UM PLANO A FORTE

A chave para o sucesso é a combinação de conhecimento profundo na sua área de atuação, comprometimento com seu plano e relacionamentos sólidos com clientes. Esses elementos trabalham juntos para criar uma base firme para o crescimento.

Já vou avisando: nada de criar Plano A, Plano B e Plano C. Você não pode ter um motivo para fugir do seu sonho quando ele começar a ficar difícil. Tenha apenas o Plano A. Quando você se compromete com um objetivo ou projeto, é fundamental ter um único plano de ação. A tentação de recorrer ao Plano B quando enfrentar desafios pode parecer atrativa, mas é importante entender que isso pode minar sua dedicação e foco no plano original. Ter um Plano A forte e resiliente é a chave para superar obstáculos e alcançar o sucesso.

No mais, manter um bom relacionamento com os clientes é importantíssimo. E isso é algo que precisa ser conquistado todos os dias. Construa relações baseadas na confiança e na empatia. Clientes satisfeitos não apenas retornam, mas também recomendam seus serviços a outras pessoas.

Não deixe seu cliente sem novidades, pois uma metodologia de ensino é um processo vivo. Cuide da sua presença nas redes sociais, compartilhando conteúdo relevante, interagindo com seguidores e mantendo uma imagem profissional consistente. Seja constante, isso manterá o seu público envolvido e interessado em seu conteúdo. Não se limite a aparecer de vez em quando para vender, mas, sim, para construir relacionamentos e oferecer valor continuamente.

O mercado digital está em constante evolução e longe de estar saturado. Há um amplo campo para trabalhar. Dominar esse ambiente significa entender as tendências atuais, identificar lacunas no mercado e posicionar sua marca de maneira única. No próximo capítulo, vamos nos aprofundar nas oportunidades e estratégias para que você reine no cenário digital.

Quer conhecer nossa fórmula para ter faturado mais de 100 milhões de reais apenas com a base educacional? Saiba como construir um império no seu ramo de atuação com o material disponível no site www.alanspadone.com.br/formula ou acessando o QR Code a seguir.

A essência
das relações
humanas é buscar
o ganha-ganha.

@alanspadone

CAPÍTULO 7

Governança mundial em marketing

Qual é a primeira coisa que um empresário precisa entender sobre marketing? Bem, acredito que antes de entender o que é marketing, ele precisa saber o que não é. Porque muita gente o confunde com branding e com vendas.

Então vamos esclarecer essa dúvida, especialmente em relação às vendas. O marketing não é o quê? Ele não é o canal nem o ato direto de vender. Quando estamos lidando com uma venda direta, em que alguém liga para oferecer serviços ou produtos, ou mesmo quando alguém recebe um anúncio e, em seguida, uma ligação ou mensagem, estamos falando de vendas, entende?

Quando falamos de marketing, não estamos nos referindo ao canal de vendas em si. Marketing é mais amplo, envolve toda a estratégia de atrair, envolver e conquistar clientes. É o conjunto de ações que ajudam a criar demanda pelo seu produto ou serviço, preparando o terreno para que essas vendas aconteçam de maneira eficaz. Portanto, o marketing e as vendas são os dois órgãos vitais para o funcionamento do corpo empresarial.

Muitos dizem que marketing é a alma do negócio, e eu concordo. Ele seguramente é o maior acelerador de qualquer empreendimento. É óbvio que existem muitas variáveis para um negócio dar certo – já vimos inúmeros desses pilares aqui –, mas compreender como se dá o marketing elevará seus negócios a outro patamar. Por isso é importante pensar em algumas definições.

Em primeiro lugar, o marketing pode ser visto como um mensageiro. Ele é a ponte que nos permite alcançar aquelas pessoas que ainda não são nossas clientes, mas que podiam ser no futuro. Marketing envolve transmitir uma mensagem poderosa de como o nosso produto ou serviço pode resolver os problemas ou atender às necessidades dessas pessoas. É um convite para que elas considerem a nossa oferta.

Além disso, o marketing também é a capacidade que uma empresa tem de se reinventar em sua comunicação e imagem. Isso significa mostrar constantemente que estamos evoluindo e melhorando. Estamos sempre atentos às tendências, ouvindo o feedback dos clientes e aprimorando nosso produto ou serviço. A indústria cosmética é um ótimo exemplo disso; as fórmulas podem permanecer praticamente as mesmas, mas a comunicação muda o tempo todo. Hoje lançamos a Vitamina C, amanhã temos a Vitamina C Ultra e depois a Vitamina C Ultra HD (embora esse seja um exemplo hipotético, a ideia é a mesma). A mensagem é que estamos em constante evolução e sempre oferecendo algo melhor.

O marketing age como uma embalagem bonita. Imagine a seguinte cena: você serve um belo champanhe em um copo de plástico. Nesse contexto, ele não parece ter o valor que realmente tem. Se você oferecer a mesma bebida em uma taça de cristal alemão, a percepção de valor muda completamente. A embalagem, nesse caso, valoriza o produto. E quando falo de embalagem, não estou me referindo apenas à embalagem física, mas a tudo que a envolve, como o Instagram, por exemplo. Essa rede, em certo sentido, é uma embalagem. Se não conheço um produto ou serviço, mas o vejo no Instagram, posso compreender se aquela embalagem condiz com qualidade, elegância, luxo ou qualquer valor que a marca deseja representar. É uma questão de valor percebido.

Marketing, ainda, tem a ver com aumentar o nível de conscientização da pessoa para que ela compre aquilo que tenho a oferecer. Vou ilustrar isso com um exemplo interessante: a venda de uma panela. Imagine que você vê uma panela em um anúncio patrocinado nos seus stories do Instagram. Se você não estiver procurando por uma panela nova porque a sua atual está boa, aquele anúncio talvez não tenha valor algum para você. No entanto, se a pessoa por trás do anúncio comunica que essa panela é segura, livre de substâncias que poderiam ser prejudiciais à saúde, e que ela proporcionará momentos mais especiais e divertidos na cozinha com seus filhos, a conexão com a marca surge. Você começa a perceber que talvez precise daquele produto. Antes, você não tinha consciência de que precisava daquilo. Agora, devido à mensagem e à percepção de valor que o marketing criou, você está até considerando a possibilidade de comprar o produto.

Bem, acho que já deu para entender: o marketing é uma peça fundamental na criação de conexões entre marcas e pessoas.

BRANDING NÃO É MARKETING, MAS TEM TUDO A VER

Todos nós já vivenciamos o branding, mesmo sem perceber. Todos temos uma marca que toca nosso coração, aquela de que acompanhamos as novidades, que recomendamos aos amigos e, com alegria, compramos seus lançamentos. Esse amor, essa admiração e esse desejo que a marca construiu em nós, consumidores, são o resultado de um trabalho bem elaborado de branding.

Branding é uma combinação de estratégias e ações cujo objetivo é tornar a marca reconhecida por meio dos seus valores, posicionamento e propósito. Tem a ver com criar uma conexão profunda entre a marca e o público. Quando falo de estratégia, não me refiro a apenas ter um logotipo bonito (embora isso também seja importante), mas ao território que a empresa deseja construir na mente das pessoas. Como a marca se posiciona, qual causa abraça, que valores representa e como se relaciona com o mundo ao redor. É criar uma história de que as pessoas queiram fazer parte, um sentimento de pertencimento a algo maior do que apenas um produto ou serviço.

==Quando uma marca faz o branding certo, ela conquista algo incrível: a lealdade do cliente. As pessoas não apenas compram seus produtos, elas se tornam defensoras da marca, fiéis seguidoras e embaixadoras entusiasmadas.== Esse é o resultado do branding eficaz, e que vai muito além do aspecto visual. A marca do coração não está lá por acaso. Ela trabalhou com diligência para construir uma conexão emocional com seus clientes, para representar algo que vai além de um simples produto ou serviço.

É importante entender que branding acontece todos os dias, nos pequenos detalhes. Pode começar com cuidados simples, como a identidade visual do seu produto, ou planejar uma experiência de compra excepcional. Inclui também a maneira como você responde às perguntas dos clientes. Na verdade, cada interação conta para moldar a percepção que as pessoas têm de sua empresa. Assim, o branding é algo que qualquer empresa pode implementar, seja ela de pequeno, médio ou grande porte. Basta que, para tanto, seja feita uma análise profunda do posicionamento da marca, o que requer um trabalho contínuo e a longo prazo, pois os resultados não são imediatos.

Vou compartilhar com você como construí o meu branding. É importante deixarmos claro que branding não é logo, marca nem identidade visual. Branding é a representação, a voz da sua marca no mundo. Ele vai além do produto ou serviço, trata-se de comunidade. É pertencer. Todo ser humano, no seu DNA e essência, tem o desejo de pertencer a um grupo. E se isso for aliado à qualidade e excelência nos processos, você será o número um do seu setor. Enquanto algumas empresas vendiam cursos, eu ofereci um convite para que elas participassem da nossa família. Pode parecer a mesma coisa, parecer clichê, mas não é. O apelo emocional destrava e decide pela compra. A Spadone começou como pessoa física, que se transformou em pessoa jurídica e, agora, sendo uma marca, ela tem um alto *valuation* – assim como Christian Dior, Gucci e outras marcas no mundo da moda. Esse processo foi importante. O meu público percebeu que existem pessoas por trás da marca, o que a humanizou e, ainda, conferiu credibilidade, valor e patrimônio (*equity*) para a empresa.

Como vimos, a construção do branding envolve uma série de elementos – desde a mensagem que você deseja transmitir até a identidade visual e o logotipo – que devem trabalhar em conjunto para criar uma marca forte e impactante.

GENÉTICA E ESTÉTICA: COMO VOCÊ COMUNICA O SEU PRODUTO?

Você costuma dar mais importância à genética ou à estética da sua comunicação nas redes sociais? É interessante perceber que, mesmo tendo um produto ou serviço de alta qualidade, podemos nos deparar com dificuldades na hora de vendê-lo se não conseguirmos explicar de maneira eficaz – nas legendas, nos comentários ou mensagens diretas – a promessa e o valor que seu produto ou serviço oferece.

A estética do seu produto ou serviço é o que você mostra ao mundo, é a promessa do que ele pode fazer. É tudo o que está visível, o que você expõe para atrair a atenção das pessoas. Por exemplo, se você está vendendo um curso, é como você o apresenta: quantos dias ele dura, quantas horas de conteúdo, se há certificado. Perceba: essas informações são importantes, mas não são o coração da venda.

Já a genética, essa é a parte interna, o que está por trás das cortinas não é tão relevante para a divulgação, mas é crucial para você, dentro da sua empresa. A genética é como o curso é estruturado, o conteúdo, a profundidade do conhecimento. Imagine isso como a espinha dorsal do seu produto ou serviço.

Aqui está o ponto: quando você está vendendo, as pessoas não compram apenas aprendizado, elas compram a transformação, o resultado, o "depois". Isso é o que realmente importa. Por exemplo, se você vende cursos de maquiagem, o mais importante é mostrar para a pessoa como ela será após o curso. Então, se você é maquiador, mostre às pessoas como elas se tornarão incríveis e confiantes após sua maquiagem. Essa é a promessa, o valor real. Não se prenda a detalhes técnicos, foque a transformação que seu produto ou serviço proporcionará. É assim que você vai conquistar seus clientes e fazê-los acreditar na sua oferta.

Hoje em dia, minha empresa vende tintas, dermógrafos e produtos estéticos CC Glow. Interessante, não? Meus pigmentos de micropigmentação são orgânicos e hidrofílicos. No entanto, isso não é o que define a compra do meu cliente.

Quando alguém compra meus produtos de micropigmentação, está comprando a promessa de fixação, a garantia de ter lábios bonitos por mais tempo, sobrancelhas incríveis, uma aparência melhor. Então meu foco nas redes sociais está na estética, na promessa do que meus produtos podem fazer, em como minha cliente se sentirá após usá-los.

A pergunta principal é: quem a sua cliente vai se tornar após consumir o que você vende?

Contudo, nunca deixe de mencionar um pouco a genética, a qualidade do produto. Essa dica é valiosa para palestrantes, professores ou qualquer pessoa que queira vender algo. A técnica é importante. Não comece falando sobre seu currículo, as pessoas não pagam para ouvir isso. Elas pagam para obter soluções para seus problemas. Então, antes de oferecer a solução, navegue no problema, conte a história, faça com que a pessoa sinta a necessidade de comprar a solução que você tem.

Outro exemplo: se alguém está oferecendo um aspirador robô, mais do que mostrar no anúncio que a máquina aspira, é importante mostrar o resultado. O cliente quer ver o aspirador passando por um tapete empoeirado, por um chão com pelos de animais, embaixo de uma mesa que tem algumas migalhas da última refeição. Você tem que mergulhar no problema, levar a pessoa a se identificar com a situação, porque, no final, você vai oferecer uma solução: seja sua técnica, seja seu produto. Assim, ela comprará mais facilmente, porque ficou muito claro que aquele produto resolve a vida dela.

Lembre-se também da importância das histórias. Antes de mostrar a solução, que é o seu produto, conte uma história. Eu,

Quando uma marca faz o branding certo, ela conquista algo incrível: a lealdade do cliente.

@alanspadone

por exemplo, não inicio uma postagem dizendo: "Faça micropigmentação labial". Ninguém acorda de manhã desejando fazer uma micropigmentação labial. Eu começo falando sobre o problema, sobre mulheres que têm dificuldade com o contorno dos lábios, que ficam com o batom borrado e se sentem desconfortáveis. Quando mergulho no problema e, em seguida, apresento a solução, que é o serviço que eu ofereço, a pessoa se identifica muito mais e fica mais propensa a comprar.

PREÇO TAMBÉM É ESTRATÉGIA DE MARKETING

Quantas vezes você foi comprar algo e, sem saber o preço, acabou escolhendo o mais caro? Seja sincero na sua resposta. É engraçado, minha esposa sempre escolhe as opções mais caras, ela nem precisa ver quanto custa. Quando chega com o produto ao caixa, batata! É mais caro! Sempre seguindo o velho ditado: "Nem tudo que é caro é bom, mas tudo que é bom é caro".

Muitas alunas que participam do nosso curso costumam perguntar: "Alan, quanto eu devo cobrar? Estou começando agora". Sempre começo a minha resposta dizendo-lhes que, primeiro, dentro do que você vende, tire o diminutivo "inho(a)" do seu dicionário. Em vendas, não soa bem dizer: "Eu tenho um brindezinho, um presentinho". Em vez disso, diga: "Eu tenho um presente especial, algo especial". Usar diminutivos diminui o valor do que você oferece.

Outra orientação que dou é: não existe um preço inicial fixo, essa é uma ideia ridícula que implantaram na nossa mente. As pessoas costumam associar coisas mais caras à qualidade, e isso não é apenas opinião minha, é uma percepção geral. Claro, você precisa cobrar com base em toda a estrutura, experiência e valor que oferece.

E uma dica extra: você não precisa cobrar menos que todo mundo, mesmo se for iniciante no ramo; as pessoas não precisam saber se você está começando ou não. Isso não significa que você deve mentir. Se alguém perguntar quando você começou ou sobre sua formação, você precisa responder com sinceridade. No entanto, não faz sentido falar para as pessoas: "Estou começando agora, por isso ofereço um preço mais baixo", quando sequer lhe perguntaram isso. É uma atitude que não funciona bem para nenhum profissional. Seja sincero: você compraria um serviço de um iniciante que oferece um preço mais baixo? Já vimos que as pessoas costumam associar preço à qualidade do serviço ou produto.

É importante entender que a melhor hora para definir seu preço é no início do seu negócio.

Assim, o ideal é que você pesquise na sua região de atuação para descobrir os valores praticados. Procure cobrar dentro da média. Por quê? Se as pessoas fizerem cotações ou pesquisas, e o seu preço estiver muito próximo do mais baixo, elas podem supor que seu serviço ou produto é de qualidade inferior, mesmo que não saibam nada sobre sua formação, os produtos que você usa ou a matéria-prima que utiliza.

Para ilustrar, recentemente, eu estava nos Estados Unidos com minha esposa, fazendo o enxoval do nosso filho João Pedro. Visitamos uma loja, e foi interessante observar que tudo que era mais caro era considerado melhor devido à tecnologia e acabamento, entre outros fatores. Essa viagem coincidiu com a famosa Black Friday nos Estados Unidos. No entanto, em toda a loja Walmart, havia apenas um setor que não participava da Black Friday: o setor da Apple. Isso não quer dizer que fazer promoções ou descontos seja errado. Estou apenas destacando a importância do posicionamento que define o tipo de cliente que você atrai.

A estratégia da Apple de não oferecer descontos nem participar da Black Friday é interessante. As pessoas fazem filas e acordam cedo para comprar um lançamento de smartphone, mesmo sabendo que estará disponível para compra na próxima semana.

É claro que a Apple utiliza várias estratégias para construir sua marca. Ela trabalha com status, cria uma comunidade de seguidores e promove uma filosofia única.

Tenha em mente também que cobrar muito barato pode criar problemas quando você tentar aumentar seus preços no futuro. Por exemplo, se você começa cobrando cinquenta reais por um produto ou serviço e, no próximo ano, decide cobrar cem reais, as pessoas podem resistir a pagar o dobro de uma só vez. Aumentar gradualmente os preços é mais eficaz, pois as pessoas se ajustam às mudanças progressivas.

Eu tenho certeza de que tudo o que você viu até aqui já agregou ao seu negócio de maneira extraordinária, mas o que ainda está por vir vai ajudá-lo a acelerar anos de trabalho e dedicação. Vou contar qual estratégia me permitiu, em dois anos, alcançar o mesmo faturamento dos oito anos anteriores. Eleve suas expectativas e vamos lá!

A essa altura, sua cabeça já deve estar cheia de planos e ideias. E vou ajudar a acelerar esse crescimento! Na minha aula de Governança em Marketing você ganha a opção de conversar com um especialista. Se fizer sentido para você, acesse **www.alanspadone.com.br/formula** ou leia o QR Code a seguir.

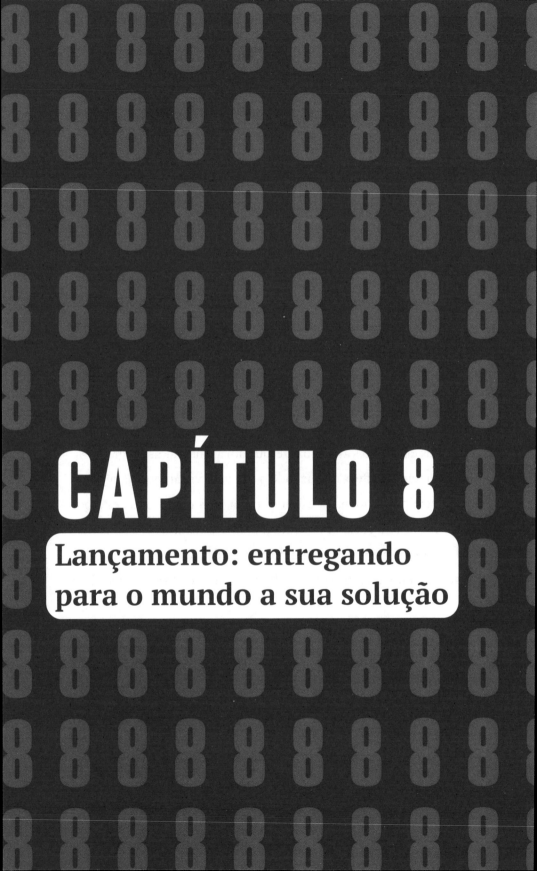

Nas grandes crises surgem grandes oportunidades. As crises nos fazem ter uma perspectiva diferente das coisas, e quanto mais você amplia sua visão, mais possibilidades se abrem para o seu negócio. A Coca-Cola, por exemplo, começou como um produto farmacêutico, um tônico que prometia a recuperação da exaustão mental e física das pessoas.[21] No entanto, ao longo do tempo, o produto foi validado, mudou de proprietário e, com um plano de marketing que lia as oportunidades daquele tempo, transformou-se em um refrigerante, tornando-se a bebida mais consumida do mundo, após a água. O que estou querendo dizer com isso? Muito do nosso sucesso vem de enxergar os cenários para além das nossas crenças limitantes – uma situação que, muitas vezes, só uma crise vai proporcionar.

Na Spadone, nós já tínhamos muitos anos de experiência formando profissionais de estética em mais de vinte países, com mais de cem mil alunos. E isso não nos abria precedentes para tomar novas decisões. Porém, no ano de 2020, fomos todos afetados pela pandemia de covid-19. As pessoas não podiam ter contato físico, não podiam se reunir. E, como tínhamos uma empresa com muitos

---

21. ESCHNER, K. Coca-Cola's creator said the drink would make you smarter. **Smithsonian Magazine**, 29 mar. 2017. Disponível em: https://www.smithsonianmag.com/smart-news/coca-colas-creator-said-drink-would-make-you-smarter-180962665. Acesso em: 8 dez. 2023.

funcionários e uma folha de pagamento alta, precisávamos manter e garantir o emprego dessas pessoas. Tivemos que agir com rapidez.

Naquele momento, quando tudo estava fechado e as pessoas perdiam seus empregos e sua fé, decidi me posicionar e criar as lives da madrugada. Comecei a trazer palavras de fé e esperança para essas pessoas. Mais de seis, sete mil pessoas estavam diariamente comigo de manhã, falando sobre espiritualidade, um novo recomeço e soluções para seus problemas. Durante as lives, as pessoas me pediam oportunidades, falavam sobre suas dificuldades e a necessidade de um curso profissionalizante, para que pudessem começar a atuar. Percebi a necessidade de ser a solução para a nação que eu tinha formado, trazendo esperança para as pessoas. E foi assim que lancei meu primeiro curso on-line, de maneira simples e direta, atendendo às demandas do meu público.

Durante as lives, perguntei aos meus seguidores quais eram as suas necessidades e dificuldades, e qual valor estariam dispostos a pagar para aprender a profissão de designer em sobrancelhas. Com base nisso, criei meu primeiro produto digital, entendendo o que as pessoas precisavam, queriam e usariam para trilhar o mesmo caminho de sucesso. O lançamento desse curso, de modo orgânico, trouxe resultados incríveis, alcançando sete dígitos em uma semana!

Mas o início não foi fácil, precisei lidar com minhas próprias crenças limitantes. O primeiro obstáculo para fazer esse lançamento estava na mente (não só na minha, mas de todos na empresa): havia a crença de que treinamentos de procedimentos estéticos e na área da beleza deveriam ser presenciais. Não que dispensar o treinamento prático seja o ideal, mas por que não? Por que não avançar dessa maneira diante de um contexto tão complicado?

As pessoas começaram a praticar o design de sobrancelhas em casa, em si mesmas, em quem morava junto com elas. Hoje, aprendemos que é possível proporcionar às pessoas um kit em casa, com todos os materiais necessários e até uma pele sintética que simula a humana. Só precisávamos acreditar para correr atrás da solução, alcançando pessoas do Brasil e do mundo todo que queriam aprender a técnica na própria casa e utilizando esses materiais.

Começamos a perceber que crescemos durante a crise. Para você ter uma ideia, o número de pessoas alcançadas em um ano foi maior do que nos oito anos anteriores da empresa, o que aumentou o nosso faturamento significativamente. E não só isso: tínhamos a oportunidade de impactar a vida da nossa comunidade de um modo que não era possível antes. As pessoas estavam abertas, sedentas por conhecimento, sentindo-se estagnadas dentro de casa e desejando algo que as ajudasse a progredir.

A seguir, apresento uma estratégia vencedora para que você realize o seu lançamento on-line e persiga resultados como esse.

O SONHO DO LANÇAMENTO PRÓPRIO

Compreender o seu cliente é o ponto de partida no processo de lançamento de um produto ou serviço no mundo do marketing digital. Quando você mergulha no entendimento do seu público-alvo, suas dores atuais, e a jornada que ele percorre para resolver seus problemas, você cria a base sólida para uma estratégia de sucesso.

Conhecer o cliente vai além de saber quem é o seu público. Envolve a compreensão de suas motivações, desafios, desejos, dores e necessidades – o que já vimos ao longo do livro. Investir tempo em pesquisas de mercado, entrevistas com clientes e análise de dados (muitas redes sociais, como o Instagram, oferecem relatórios sobre quem está procurando o seu conteúdo) pode revelar insights valiosos. Com base nesse conhecimento, você começa a construir uma oferta genuinamente valiosa para seu cliente.

Quando chega a hora de levar sua oferta ao público, a distribuição eficaz na internet envolve o uso de canais como mídias sociais, e-mail marketing, anúncios on-line e outras táticas para alcançar o maior número possível de pessoas interessadas na sua solução. Quando se trata de lançamento digital, o objetivo geralmente é escalar. Isso significa aumentar a entrega do seu produto ou serviço para atingir um público mais amplo e gerar mais impacto.

No entanto, como a nação espera a sua solução e não a sua venda, você deve vender sem parecer que está vendendo, lançando mão de uma tríade perfeita. Isso significa criar uma oferta tão alinhada com as necessidades do seu cliente que ela se torna irresistível. Tem a ver com mostrar como a solução resolve os problemas de uma maneira autêntica e eficaz.

Ao seguir esses passos, você construirá uma estratégia de lançamento sólida que não apenas atinge seu público, mas também cria uma conexão significativa e genuína com seus clientes em potencial.

TRÍADE DA VENDA PERFEITA

1. Perguntar e ouvir;
2. Preparar e customizar;
3. Entregar e cuidar da experiência.

Perguntar e ouvir

Muitas pessoas não perguntam, elas simplesmente querem vender o que acham melhor, porém, é importante dar ouvidos à nação. O período de préaquecimento e lançamento é o momento de dar ouvidos para a nação, o público-alvo, a fim de entender sua dor. Fique atento a todos os pedidos feitos, pois é nessa hora que a dor é sinalizada, e, então, você seguirá adiante.

Preparar e customizar

Não venda um produto igual ao dos outros, prepare-o de acordo com a dor identificada. Nesse caso, o preço não será motivo de reclamação, pois ao customizar o produto que será entregue à nação, o retorno será melhor e você poderá ainda surpreender com o terceiro passo, que é a fidelização.

Entregar e cuidar da experiência

A maioria das empresas falha no pós-venda. Tenha um time comercial preparado, com o DNA e a cultura da empresa em suas veias. Um time que cuide da nação! Lembre-se de que conseguir um cliente novo tem um custo imenso, então, se você já ganhou esse cliente uma vez, cuide dele. A chance de um cliente satisfeito comprar mais alguma coisa é cerca de 60% a 70%. Já a de vender algo a quem ainda não é seu cliente é de 5% a 20%.[22] Pós-venda é dinheiro na mesa.

O PASSO A PASSO DE UM LANÇAMENTO DIGITAL DE SUCESSO

Lançamento é, em essência, um evento que encurta a distância entre você, que tem uma solução, e sua audiência, que enfrenta um

---

22. SHAW, C. 15 Statistics that should change the business world – but haven't. **LinkedIn**, 4 jun. 2013. Disponível em: https://www.linkedin.com/pulse/20130604134550-284615-15-statistics-that-should-change-the-business-world-but-haven-t/. Acesso em: 8 dez. 2023.

problema. Lembra-se de quando éramos mais jovens e queríamos nos aproximar de alguém que nos interessava? A gente organizava um bailinho, lembra do bailinho? Se você foi adolescente nos anos de 1980 ou 1990, provavelmente se recorda disso. Se for mais jovem, talvez não faça ideia do que estou falando, mas vou explicar.

Um bailinho era uma festa na garagem, um evento com data e hora marcadas. As pessoas da vizinhança se reuniam e ali era um ponto de encontro onde você podia juntar coragem para se aproximar da pessoa de seu interesse. Muitas vezes, mesmo no bailinho, a coragem falhava. O estômago revirava, dava aquele medo e nem conseguíamos conversar com as pessoas.

Um evento de lançamento é como um bailinho virtual. Ele é um ponto de encontro onde há uma audiência enfrentando um problema e em busca de uma solução. Você, por sua vez, oferece um produto que é essa solução e fornece um conteúdo valioso no evento, gerando uma pequena transformação. Em seguida, convida a pessoa a se transformar ainda mais, a continuar com você após o evento, estabelecendo um vínculo duradouro.

No entanto, como qualquer evento de sucesso, é importante ter um pré-evento e um pós-evento. Todo evento que se preze tem uma fase de preparação, que cria expectativas e antecipação nas pessoas, despertando nelas o desejo de participar. Dividimos isso em quatro etapas: pesquisa, captação, aquecimento (ou manter o contato) e evento de lançamento. Vamos conhecê-las?

Pesquisa

A primeira etapa é a de pesquisa. Ela é um ato de empatia e é um dos principais trabalhos do estrategista digital. Estar atento

Comece pequeno, mas tenha em mente o crescimento rápido. Você precisa, primeiro, fazer o básico: construir sua comunidade e cuidar dela.

@alanspadone

ao que as pessoas estão dizendo, às conversas que estão tendo, é fundamental para construir narrativas que atraiam a atenção delas.

Hoje em dia, fazer uma pesquisa nunca foi tão fácil. Você pode entrar nos stories do Instagram e começar a fazer perguntas à sua audiência, não importando o tamanho dela. Se dez pessoas responderem a uma pergunta como: "Qual é o seu maior desafio hoje?", você começará a ter insights valiosos. As respostas podem variar, desde falta de dinheiro, falta de tempo, excesso de informações, até a falta de uma estratégia clara.

Algumas pessoas começam um lançamento pensando: *Vou gravar o meu produto, estou me preparando*. Encontro muitas pessoas que dizem: "Estou fazendo um produto há mais de um ano. Está ficando maravilhoso, é a coisa mais linda do mundo". Quando pergunto se fizeram pesquisa, a resposta é não. Já fizeram algum lançamento? Também não. E já estão criando o produto? Sim.

Isso não faz sentido. Não adianta criar um produto sem entender o que as pessoas querem. Estamos em uma era em que a pesquisa molda o produto. Não é você quem deve empurrar um produto para a audiência e fazê-la comprar algo de que não precisam. Você deve ouvi-la para desenvolver soluções e produtos que atendam às suas necessidades.

Captação

Após a pesquisa, deve-se fazer o processo de captação. Você precisa criar anúncios de captura, aquelas páginas simples com um campo para a pessoa inserir o e-mail. Não precisa ser algo superelaborado, basta ser simples para funcionar. A base desse processo é criar anúncios simples que prometem aquilo que as pessoas estão procurando. Veja como tudo se conecta. Você fez uma pesquisa, certo? As pessoas compartilharam seus desejos e problemas nessa pesquisa. Por exemplo, as pessoas querem ter liberdade financeira e, quando você cria um anúncio para esse público, precisa falar exatamente o que ele deseja, como: "Você sonha com liberdade financeira, mas parece um sonho distante, não é mesmo? Você vê pessoas na internet com menos potencial do que você obtendo resultados enquanto você ainda não conseguiu". Perceba como estou alinhando minha comunicação com o desejo desse público, com o problema dele.

Meus anúncios, minha estratégia de captação, precisam estar alinhados com os desejos e problemas da audiência, comunicando o que já está no consciente coletivo das pessoas. Não é necessário reinventar a roda. Claro, depois de criar uma base sólida de seis, dez, vinte ou trinta anúncios que se conectam com o seu público, você pode começar a pensar em abordagens mais criativas e disruptivas para sua campanha de captação. No entanto, enquanto isso não acontece, é fundamental ter essa base sólida para garantir o sucesso do seu lançamento.

Aquecimento (manter o contato)

O terceiro passo é entender que, se você fez uma pesquisa, compreendeu os desejos e problemas do seu público e criou uma campanha de captação eficaz, essas pessoas agora estão na sua lista de e-mails, grupos do WhatsApp ou canais do Telegram. No entanto, você não pode simplesmente abandoná-las lá sem fazer nada. As pessoas se inscreveram porque têm interesse no que você oferece, então é preciso continuar o processo.

Você mantém o contato, porque as pessoas podem se esquecer do seu evento. É natural diante das inúmeras demandas dos afazeres do dia a dia. É por isso que é importante realizar aquilo que chamamos de "aquecimento". Você precisa aquecer a sua audiência. Um exemplo simples para entender como funciona o aquecimento: aposto que você já se sentiu ansioso para assistir a um filme que estava prestes a ser lançado no cinema. E muito provavelmente essa expectativa surgiu após você ter visto o trailer. Nele, são colocadas as melhores cenas para fazer você sair de casa, mesmo que em dia de chuva, comprar seu ingresso, pegar uma pipoquinha com manteiga e assistir ao filme na tela grande do cinema. Eles anteciparam o evento de maneira eficaz.

Na internet funciona do mesmo jeito. Você precisa criar conteúdo que gere expectativa para o seu evento. Deve mostrar os bastidores, criar um ambiente onde as pessoas se sintam motivadas a participar. Além disso, o evento na internet é semelhante ao cinema, pois tem data de início e término. Não está disponível o ano todo para ser assistido quando quiser. Isso cria um senso de escassez, incentivando as pessoas a se organizarem para participar na data especificada.

Essa etapa é crucial, pois nela você faz todo o dinheiro investido na etapa anterior de captação valer a pena. Se você falha no aquecimento, poucas pessoas comparecerão ao seu evento e, naturalmente, você venderá menos. Não subestime a importância do aquecimento, é tão importante quanto o próprio evento.

Evento de lançamento

Este é o momento em que tudo acontece. Não dá para falhar nessa etapa. Existem ações cruciais que você deve realizar durante o seu evento de lançamento, pois, caso contrário, você ficará frustrado ao abrir o carrinho e ver que ninguém comprou. Isso acontece quando você comete erros durante o planejamento.

O lançamento é quando você pega algo ou alguém e coloca em grande exposição em um curto espaço de tempo, usando uma comunicação persuasiva cheia de gatilhos mentais. O objetivo final é construir a marca ou realizar vendas. Por exemplo, quando a Apple lança um novo iPhone, eles apresentam o produto em um evento de grande exposição. Usam comunicação persuasiva para convencer o público a comprar o aparelho. Esse princípio também pode ser aplicado a produtos físicos, como um lançamento imobiliário, ou a produtos digitais, como um curso on-line.

É importante, nesse contexto, falarmos sobre os dois tipos de agentes envolvidos nesse processo: os especialistas e os lançadores. O especialista é aquele que tem o conhecimento, o produto ou a transformação a oferecer. Já o lançador é o mestre dos bastidores, responsável por criar o produto digital em conjunto com o especialista e promovê-lo no lançamento.

É como pensar em um cantor que tem um empresário. O empresário é quem coordena a carreira daquela pessoa. Em um show, pensa nos detalhes: o palco, a iluminação, a estrutura, o estacionamento, venda de ingressos etc. É a pessoa responsável por todo o trabalho nos bastidores. Enquanto isso, o especialista é o artista, que chega lá e canta, fazendo a sua parte. Se você é um lançador, a parte mais crucial de todas está em construir relacionamentos sólidos e dominar as técnicas de vendas. Seu papel é colaborativo, uma parceria. Não adianta saber tecnicamente como apertar os botões se você não tem um especialista competente ao seu lado.

Talvez você esteja pensando: "Mas, espere, essa semana eu fiz uma fortuna com aquele cantor. Por que não posso fazer o mesmo com outra pessoa?". A verdade é que você depende da competência do seu especialista. Se ele for fraco em vendas, você precisa ser excepcional em lançamentos, e mesmo assim, os resultados podem não ser tão bons.

É uma realidade dura, eu sei, mas é como as coisas funcionam nesse jogo. É por isso que eu não sou apenas um lançador. No papel de lançador, você está construindo ativos para outra pessoa, e se essa pessoa sair, você fica sem nada. A imagem e o reconhecimento são dela. Mas, mesmo com todas essas nuances, esse é um dos caminhos mais rápidos para estabelecer sua autoridade em um tema e ganhar dinheiro com isso. Portanto, a energia do lançador deve ser direcionada principalmente para atrair um excelente especialista. Isso é crucial para obter resultados financeiros significativos.

Em resumo: os lançadores precisam se concentrar em construir relacionamentos; e os especialistas, em aprender a vender. É essa dinâmica que faz o lançamento decolar de verdade.

O MAIOR ERRO DE UM LANÇAMENTO

O que impede as pessoas de realizarem um lançamento bem-sucedido é a falta de respeito pelo processo de testar, validar e repetir. Não é razoável você começar almejando um lançamento de sete dígitos, pois seu produto precisa ainda de validação, e sua lista de contatos precisa ser trabalhada em lançamentos menores. Comece pequeno, mas tenha em mente o crescimento rápido. Você precisa, primeiro, fazer o básico: construir sua comunidade e cuidar dela.

Alguém que começa investindo dez, vinte, trinta mil para validar uma oferta e entender sua audiência pode, com análises dos números e resultados, aumentar seus investimentos para cinquenta, cem, duzentos mil, trazendo retornos ainda maiores. Porque o lançamento é um jogo de números. O primeiro passo é mapear de onde vem sua receita, qual público tende a comprar mais, quanto de retorno ele lhe deu e qual anúncio trouxe mais público qualificado e alinhado com o que você entrega, para melhorar cada vez mais o próximo lançamento. Isso evita que você fique dependente de criar uma demanda reprimida a cada quatro ou seis meses, esperando por um grande fluxo de caixa, porque você entendeu onde estão as galinhas dos ovos de ouro e sabe exatamente onde e como encontrá-las para ofertar a sua solução.

Aqui na nossa empresa, lançamos em média uma vez por mês com o principal especialista – que, no caso, sou eu – e também temos outros professores que são lançados, cada um na sua especialidade, e trazem retorno para a empresa. Para chegar a esse ritmo, é preciso respeitar o processo, fazer muitas perguntas ao público, criar conteúdo, fazer lives, entender para quem você está fazendo aquilo. Quando falo de falta de respeito ao processo, também estou falando de falta de pesquisa e de escuta do público, porque as pessoas costumam achar que o lançamento é para elas, ficam apaixonadas pela própria ideia e se esquecem de entender do que a nação precisa.

Já cansei de ver empresários que pensam que encontraram a próxima Uber, Netflix, Nubank, e que vão arrasar no mercado. Acabam fazendo eventos apenas para se exibirem, não para oferecer de fato uma solução às pessoas. Eles criam nomes mágicos que não comunicam nada e falta clareza para o público-alvo entender se aquilo é para ele e se resolverá seu problema. E, aí, quando as pessoas chegam ao grande evento e são surpreendidas negativamente com algo que não esperavam, perdem a clareza e o interesse em dar o próximo passo.

O lançamento é uma ação de vendas pontual que gera demanda, escassez e urgência para a pessoa tomar uma decisão. Não ter clareza sobre o que você vai comunicar, sobre a sua semana, desafio e jornada é o principal erro, pois isso faz com que você atraia um público desinteressado no assunto ou que não está pronto para aprender o que será tratado. Esse choque de comunicação faz com que todo o investimento e esforço durante os 45 dias de captação de novos contatos interessados seja um fiasco na abertura do carrinho. Você pensou que ia ganhar múltiplos dígitos por conta do baixo custo dos leads, mas quando vê o tamanho da audiência, fica frustrado.

Alinhar a comunicação de ponta a ponta é o segredo para ter um lançamento extraordinário. Inclusive, você precisa continuar cuidando dessas pessoas mesmo depois do lançamento, da venda, e até dos eventos (vamos falar mais sobre isso no próximo capítulo).

Entenda: quando você afina a sua comunicação e traz clareza para o seu público-alvo, começa a segmentar com precisão as pessoas com quem deseja se comunicar. Isso pode elevar um pouco seus custos com mídia, visto que você não está mais falando com um público abrangente, mas, sim, segmentado. Porém, essas são pessoas reais interessadas exatamente naquilo que você pretende vender. É verdade que você terá menos gente no seu funil, e alguns acham isso ruim. No entanto, sua conversão será muito maior do que apenas 1% ou 2% da lista, que é a porcentagem que o mercado tende a esperar.

Nós, aqui na Spadone, agimos diferente. Trabalhamos com toda a nossa lista e com a nossa equipe de vendedores. Fazemos conversões incríveis com cada pessoa que entra no nosso funil porque elas são avisadas, recebem informações relevantes e são nutridas com o que procuram naquele momento. Se ainda não estão prontas para um lançamento específico, redirecionamos aquele contato para outro produto, que tem mais a ver com o ponto da jornada em que aquela pessoa está no momento.

QUEM TEM PRODUTO FÍSICO TAMBÉM PODE FAZER LANÇAMENTO DIGITAL

Muita gente olha para os lançamentos digitais e fica desanimada, pensando que, como tem um produto físico, essa técnica não se aplica. Afinal, se você está vendendo móveis, bebidas, itens de decoração, como pode fazer um lançamento? É importante que você entenda: o seu produto ser físico não exclui a presença digital, e vice-versa. Ambos os ambientes se complementam para gerar resultados ainda melhores e ampliar o público.

Em caso de produto físico, o processo de lançamento é, em essência, o mesmo: criar uma oferta irresistível e extraordinária, segmentar o público, ter uma lista de contatos para se comunicar e fazer uma oferta que gere urgência e escassez. Se você tem uma loja de suplementos esportivos, por exemplo, e quer lançar um novo pré-treino, pode aquecer a sua lista e criar anúncios para uma Semana do Treino Blindado com especialistas. Promova lives, encontros, forneça conteúdo valioso para essas pessoas sobre nutrição, suplementação, *lifestyle* esportivo. Aproveite esses momentos para conversar com esse público, fazer perguntas para entender de que tipo de oferta eles estão precisando. Crie a demanda, e, no final do processo, faça o lançamento apresentando uma oferta irresistível para aquelas pessoas que você já comprovou que têm interesse nos benefícios daquele produto.

Como já mencionado: o "pulo do gato" do lançamento é fazer com que as pessoas entendam que, se não tomarem uma decisão naquele momento específico, perderão uma grande oportunidade e ficarão frustradas. Podem até comprar o produto depois, mas sem os brindes, sem o frete grátis, sem conseguir combiná-lo com outro produto que só você vende e é muito mais exclusivo. As possibilidades são infinitas.

Se você é um especialista ou já tem uma audiência, é provável que seus primeiros lançamentos sejam direcionados principalmente para o público que você já tem, até que seu alcance seja ampliado para pessoas que não o seguem. Para fazer um lançamento pequeno, é necessário se preparar cerca de quatorze dias antes do evento, criando um alerta e comunicando sobre a semana do seu produto ou nicho. Por exemplo, para mim, é a semana da micropigmentação labial. Com base nisso, toda a minha comunicação no YouTube, Instagram etc. é direcionada para esse momento. O objetivo é gerar interesse nas pessoas para que consumam meu conteúdo e aumentem a conscientização sobre a oferta que virá.

Durante esse processo, são utilizados anúncios que abordam problemas e soluções, depoimentos que destacam a autoridade na técnica desejada, além de aspectos relacionados à mudança de vida e mentalidade. Conforme os resultados vão sendo analisados, são tomadas decisões para aprimorar os convites e os anúncios, realizando análises demográficas e qualitativas. Esse processo envolve uma página de captura, que é o convite especial para participar do evento, uma página de agradecimento que redireciona para um grupo de WhatsApp no qual a pessoa receberá informações diárias para se preparar para o evento. Durante esse processo, captamos nome, e-mail e telefone para ações personalizadas com nossos vendedores, pois o atendimento personalizado aumenta a chance de interação e relacionamento com o cliente. Esse período de preparação dura cerca de 21 a 28 dias, independente do produto ou serviço.

Nós estamos preparando essa pessoa para o evento. Nossa equipe de consultores, suporte e atendimento está de olho nas necessidades do público e pesquisando para que tenhamos um comparecimento acima da média, além de uma alta taxa de resposta, retorno e engajamento. Durante as três ou quatro fases do processo, nossa perda de audiência é mínima em comparação com o que é praticado, porque cuidamos dessa pessoa que confiou em nosso trabalho, dando toda a atenção necessária para que ela compareça e se sinta bem desde o início. Em momento nenhum enganamos ou mentimos, fazendo, por exemplo, promessas agressivas de transformação de vida em três dias. Aqui vendemos algo sério, entregamos resultados e buscamos uma mudança de vida.

O lançamento não é a única estratégia para ter boas vendas, trabalhar sua comunidade e ainda conseguir um bom faturamento, mas é a melhor para quem quer iniciar e obter resultados em um curto período. Em cerca de 30 a 45 dias, você consegue caminhar com a sua comunidade por todas as etapas da jornada de compra, indo de uma pessoa inconsciente para uma consciente – e fortalecendo o seu negócio não só financeiramente, mas como marca e porto seguro para quem consome seu conteúdo, seus produtos e serviços.

Para fazer um lançamento ou escalá-lo, você precisa de métricas, estratégia e fundamentos. Quer conhecer a estrutura que usamos para vender 3 vezes mais que o mercado e ter lucro e previsibilidade? Acesse a aba "Lançamentos" no site **www.alanspadone.com.br/formula** para destravar o próximo dígito do seu negócio ou acesse o QR Code a seguir.

CAPÍTULO 9

Criação de eventos: 3Ps e 2Ds dos eventos

Antes da pandemia, a maioria de nós não tinha consciência de como é importante para o ser humano encontrar outros semelhantes. Quer dizer, todo mundo sabia, mas em meio ao dia a dia caótico, era até um alívio ter um evento cancelado ou um amigo desmarcando um jantar – ficar em casa era sinônimo de paz e sossego. Muitos de nós não percebíamos o quanto a nossa saúde depende de nos conectarmos uns com os outros – e o isolamento social escancarou isso. Ele fez tão mal para as pessoas que especialistas hoje o consideram mais perigoso do que a doença covid-19 em si (no caso de adultos saudáveis e vacinados,[23] claro).

Você deve estar se perguntando o motivo de eu trazer isso à tona. É que, para falar de eventos, é necessário falar do poder das comunidades.

Comunidade é uma tribo, isto é, um grupo social, cultural e ancestral que compartilha uma identidade comum, geralmente baseada em laços de parentesco, língua, costumes, tradições e território. Pode ter uma organização social própria, com líderes e normas internas. Uma das principais atividades de uma tribo é

---

23. WALSH, C. Cost of distancing may outweigh benefits for healthy adults. **Harvard Gazette**, 4 abr. 2022. Disponível em: https://news.harvard.edu/gazette/story/2022/04/cost-of-distancing-may-outweigh-benefits-for-healthy-adults/. Acesso em: 8 dez. 2023.

preservar sua cultura e tradições, e oferecer a seus integrantes um "lar" simbólico, onde essas pessoas se sentem acolhidas, seguras e apoiadas.

Um evento precisa ser pensado como um encontro da tribo. As pessoas nasceram para viver em comunidade. Percebe, então, como organizar um evento para fortalecer essa comunidade e fazer com que se sintam parte dela é superimportante? Não é só divulgar a palestra ou o produto, mas também deixar claro que aquelas pessoas fazem parte de algo maior, que podem se unir e discutir o mesmo propósito.

O encontro da tribo pode ser anual, pode começar com poucas pessoas e chegar a milhares, dependendo do tamanho da comunidade que você criou. O mais legal é que não precisa se preocupar tanto em vender o evento. Imagine só: você já vendeu vários cursos e treinamentos ao longo do tempo. Se você mantém essas pessoas em um CRM (um sistema de atendimento ao cliente), um aplicativo ou uma comunidade, pode oferecer a elas um lugar especial e um preço diferenciado por já fazerem parte desse grupo. Assim, é possível garantir um evento anual com quatro mil pessoas, por exemplo, considerando a quantidade de alunos que você forma por ano.

Você também pode cuidar da sua tribo por meio de *customer success* – fazendo com que as pessoas se comprometam em dar certo, gamificar a experiência para mantê-las envolvidas, de modo que não deixem o seu ecossistema. Essas atitudes, aos poucos, tornarão a sua comunidade cada vez mais fã da marca. Cada uma daquelas pessoas se sente cuidada e progredindo por causa da sua ajuda.

Conforme os encontros mensais de acompanhamento acontecem, você vai preparando a comunidade para o grande evento. Assim, quando você abrir a pré-bilheteria do lançamento, os ingressos vão esgotar em questão de minutos.

Quando se trata de encontro da tribo, é importante deixar claro que as próprias pessoas são parte fundamental do trabalho. Elas não só bancam o evento financeiramente, mas também o indicam e o divulgam. Algumas dessas pessoas nós chamamos de "anjos" – são aquelas que ajudam outras a encontrar propósito e uma profissão, e as levam para os nossos eventos. Formamos verdadeiras caravanas que carregam consigo um enorme potencial.

O PODER DA COMUNIDADE

O fortalecimento da comunidade gera novas ideias, resolve problemas, expande negócios e abre mercados novos. As pessoas que fazem parte dela enfrentam os mesmos problemas, então sempre existe um grande apoio dos pares para continuar lutando pelos seus objetivos. Elas caminham com a certeza de que não estão sozinhas.

Nos negócios, o acesso a novos mercados se tornou imperativo para empresas que buscam não apenas crescer, mas também se manter no topo. As comunidades, particularmente aquelas construídas em torno de marcas e produtos, emergem como potenciais alavancas para essa expansão. Há uma profunda relação entre comunidades e a capacidade das empresas de penetrar em mercados anteriormente inexplorados.

É importante que você faça parte de uma comunidade para crescer, mas, ao me referir a eventos, peço a você que os faça pelos seus clientes: quando você forma comunidades dentro do seu negócio, está reunindo pessoas com interesses afins. Elas fortalecem a cultura da sua empresa, a simbologia do seu produto e umas às outras na busca dos seus objetivos. Na Spadone, por exemplo, as alunas se apoiam, apoiam a nossa missão, e chegam até a tatuar o nosso logo – porque elas entendem que fazem parte daquela tribo, daquela missão e daquelas tradições. Sentiram o apoio que recebem de nós e da comunidade de pessoas como elas, que estão passando pelas mesmas lutas e mesmos obstáculos. Um evento é uma experiência emocional poderosa para essa tribo, reforçando laços e criando uma conexão verdadeira.

EVENTOS ON-LINE

O evento presencial é um produto premium: é o que mais reforça a identidade da tribo, traz a experiência emocional mais intensa, promove uma interação profunda com o conteúdo e com os outros participantes e converte muito mais vendas do que o on-line. Mas preciso reforçar dois pontos: eventos on-line podem acontecer diversas vezes ao ano, e, ao mesmo tempo, a sua comunidade precisa estar ativa e funcionando, não importa onde as pessoas estejam.

Com frequência, trabalho com o expert em marketing Davi Ribas, e ele tem uma dinâmica de comunidade global de que gosto muito. No mundo conectado de hoje, as comunidades ultrapassam as barreiras geográficas e são formadas por membros de diferentes culturas. Essas comunidades globais, além de coesão de valores, têm diversidade entre seus membros, algo que proporciona benefícios significativos e insights culturais valiosos. Elas possibilitam às empresas compreender melhor as nuances culturais, preferências e comportamentos do consumidor em mercados específicos.

Essa compreensão mais profunda ajuda a adaptar estratégias de marketing e desenvolver produtos que atendam às necessidades específicas de cada mercado. Por meio do feedback e das discussões entre os membros, podem surgir insights sobre necessidades e desejos não atendidos, preenchendo, assim, lacunas do mercado. Essas informações abrem oportunidades para novos produtos ou serviços, trazendo vantagem competitiva para a empresa.

A comunidade on-line também reduz riscos. Antes de entrar oficialmente em um novo mercado, as empresas podem avaliar o interesse e a receptividade dos consumidores por meio da interação com a comunidade. Isso ajuda a minimizar investimentos errados ou mal cronometrados, permitindo que os empresários tomem decisões com base em dados.

Outro fenômeno valioso que acontece nas comunidades on-line é quando os membros se tornam verdadeiros embaixadores da marca. Eles passam não apenas a promover a empresa em seus círculos imediatos, mas também abrem portas para novos territórios. A propagação orgânica, alimentada por recomendações boca a boca de indivíduos confiáveis dentro da comunidade, tem um potencial incrível para conquistar novos mercados sem depender da publicidade tradicional. Esse movimento, por ter ocorrido de maneira natural, quebra barreiras e solidifica a credibilidade da empresa.

Muitas vezes, também, a comunidade promove inovação ao trazer novas ideias e soluções. Isso permite que as empresas estejam sempre à frente da curva, atendendo às necessidades em constante evolução de seus públicos.

O fortalecimento da comunidade gera novas ideias, resolve problemas, expande negócios e abre mercados novos.

@alanspadone

Tenha em mente que quando você constrói uma comunidade forte e a ajuda a passar pelos problemas do dia a dia, ela vai querer estar com você no próximo passo, vai querer participar das transformações que você oferece. Na Spadone, por exemplo, desenvolvemos o Programa Estabilidade Garantida (PEG), que é um acompanhamento interno de doze meses. Ao longo desse período, as pessoas são cuidadas, nutridas com encontros mensais ou quinzenais, conforme sentimos a necessidade. Assim, preparamos a comunidade para quebrar as barreiras do dia a dia, possibilitando que os membros dela tenham cada vez mais êxito na profissão. Esse é o nosso segredo para chegar com a bilheteria praticamente vendida por completo quando lançamos nossos eventos.

MODELO DE IMERSÃO OU *EXPERIENCE*

O modelo de evento que acredito ser o mais efetivo é o de imersão (ou *experience*). É presencial e ao vivo, com duração de um ou dois dias, e condensa toda a metodologia de uma pessoa ou especialista. Os eventos on-line são muito úteis, como já vimos, mas no físico a chance de conversão é muito maior.

O ambiente é cuidadosamente preparado para proporcionar uma experiência inesquecível. A interação e o networking são incentivados para que todos possam se conectar e aprender juntos. A ideia é criar uma experiência que vá muito além do conteúdo, algo que seja marcante na vida e na carreira daquelas pessoas.

Esse modelo de evento é pago, com lugares marcados, onde as pessoas vão ter total acesso aos conhecimentos do especialista. A ideia é não segurar nada, entregar tudo o que ele sabe. Entregue de modo que faça os participantes saírem do evento pensando: *Poxa, valeu todo o investimento!* Isso fará com que vejam o especialista como a solução para todos os seus problemas.

O evento também serve como uma fase prévia para produtos mais caros, como masterminds ou mentorias. No palco, é feita uma apresentação e oferecida a oportunidade de dar o próximo passo. Não é para todos, é para as pessoas que realmente se sentem prontas e entenderam a metodologia.

Agora, você pode estar se perguntando como encher esses eventos, certo? Existem algumas maneiras, como a venda de ingressos comuns, a possibilidade de presentear patrocinadores ou palestrantes, o sistema de indicação e, claro, as pessoas que entram no funil de um mastermind ou mentoria e não fecham o negócio.

O trabalho do vendedor, conhecido como "closer", é oferecer uma cadeira para a pessoa conhecer o modelo *experience* e entender do que se trata. Lá, ela terá prova social, gatilhos de autoridade, um gostinho do que é a reciprocidade, além da sensação de escassez e urgência. Quando todos estão fechando negócio e indo para um almoço VIP, cria-se aquele famoso gatilho do "medo de ficar de fora". Ninguém quer perder a oportunidade.

O *experience* é uma porta de entrada para que as pessoas se tornem membros de produtos mais avançados na esteira. Essas ocasiões fortalecem laços, promovem pertencimento e mantêm a tribo viva, estimulando a troca de ideias, aprendizado mútuo e criatividade, e ainda fortalecendo parcerias, redes de contatos e o crescimento coletivo. Elas inspiram, motivam e conectam pessoas com interesses e objetivos semelhantes, além de proporcionar à sua comunidade uma experiência única e transformadora, e o resultado é simplesmente incrível.

OS 3Ps DO PLANEJAMENTO DE EVENTOS

Todo evento precisa passar por três fases, que chamamos de os 3 Ps: planejamento, produção e preparação. Na etapa de planejamento, como o nome sugere, você planeja para quem será o evento, quantas pessoas participarão, quais são os objetivos ao juntar essa comunidade, onde acontecerá o evento e quanto será gasto em sua organização – muitas das decisões após essa fase dependem do orçamento a ser estipulado.

A seguir, elaborei um checklist para que você possa se guiar:

- Para quem será o evento?
- Qual é o objetivo do evento a curto, médio e longo prazo?
- Qual é a expectativa de público? Quantas pessoas?
- Qual é o tempo do evento? Horas, dias?
- Quando ele acontecerá?
- Quais são os lugares ideais para esse evento (hotel, centro de convenções, on-line)?
- Qual é o custo desses lugares?
- Qual será a modalidade de hospitalidade (*coffee break*, almoço, coquetel)?
- Qual é a agenda ideal para esse evento (palestras, rodadas de networking)?

Na etapa de produção, começamos a colocar o planejamento em prática. É hora de ter orçamentos certos para cada item. Contatar os palestrantes, criar com eles estratégias de divulgação para suas participações. Fazer uma sequência de conteúdos, lives e postagens chamando a sua comunidade para o evento. Tem a ver com cuidar de cada pormenor, inclusive ter um plano de divulgação muito detalhado para conseguir criar a demanda de comunidade interessada no evento.

A terceira fase, de preparação, envolve tudo aquilo que é necessário para a realização do evento. É executar o que foi decidido na etapa de produção. O *follow-up* também está nessa etapa. É necessário entrar em contato com todo mundo que participou do evento para entender o que deu certo e o que não deu, assim como o que mudar para os próximos. Isso fortalecerá, e muito, a sua comunidade.

OS 2 Ds DOS EVENTOS

Nos eventos presenciais existe uma regra de ouro: cuidar dos 2 Ds – isto é, desenvolvimento e design. Ela está relacionada à criação de uma experiência maravilhosa para os participantes, os quais não vão se esquecer dela tão cedo.

Antes mesmo da pandemia, os eventos na nossa área principal, de saúde e beleza, já não eram os mesmos. Eles acabaram tornando-se *commodities*, e as pessoas sabiam exatamente o que esperar; não havia entrega de conteúdo relevante. Porém, sempre prezamos por eventos que proporcionassem uma experiência diferenciada. Cada evento que realizamos é temático e busca marcar a memória dos participantes.

Teve um que até hoje é lembrado por muitos clientes. O tema foi "A vida extraordinária é uma decisão". Era sobre decolar na vida profissional, pessoal e financeira. Nossas atendentes já estavam como aeromoças, com uniformes de comissárias na recepção. Os guichês pareciam aeroportos e, dentro da plenária, havia sinalizações de voo.

A propagação orgânica tem um potencial incrível para conquistar novos mercados sem depender da publicidade tradicional.

@alanspadone

Todos os detalhes geravam uma sensação de decolagem. Claro que, para realizar um evento do tipo, é preciso se planejar com antecedência, pois há muitos detalhes, e o investimento é mais alto. Mas garanto a você: se bem-organizado, vale a pena.

A maioria das pessoas que organiza um evento busca o ROI, retorno sobre investimento, sem investir de fato. Mas o que realmente gera aquele *buzz* no evento presencial é o que a pessoa vive. Ainda mais em tempos de internet e redes sociais, em que tudo é passível de tirar uma foto e fazer um vídeo, pensar na cenografia e nas experiências é muito importante, e gera muito resultado.

Talvez, neste momento, você esteja pensando: *Não tenho como investir esse montante em um evento! E agora?* Calma. É possível realizar eventos com um orçamento mais enxuto e, ainda assim, encantar a sua comunidade. Isso porque esses encontros têm a ver com experiências que você e o seu público vão compartilhar. Um exemplo: no início, quando comecei a fazer meus treinamentos para dez ou vinte pessoas, em hotéis simples e baratos, percorrendo todo o Brasil, eu criava uma experiência – nem era no evento em si, era no café. O café trazia uma lembrança da fazenda e da vovó. Era uma xícara de lata que remetia ao sítio, um café adoçado com rapadura. Essa simples atitude teve um ótimo retorno. Os participantes me diziam: "Que saudade da minha avó, ela não está mais viva hoje!" Esse tipo de conexão não tem preço!

Consegui me aproximar da minha comunidade, mesmo em um evento bem simples, aplicando a estratégia 2D. Na fase de desenvolvimento, você define primeiro o tema, e, então, vai construindo o evento levando-o em consideração. É aí que entra o design, com uma decoração temática e gatilhos que façam as pessoas embarcarem naquela ideia com você e sua equipe. Quando falamos de eventos temáticos, ele já tem gatilhos de exclusividade, pertencimento e escassez, pois aquela pessoa não terá outra oportunidade de viver aquilo.

Os eventos fortalecem e energizam as tribos, são espaços de conexão, aprendizado, inspiração e colaboração. É essencial reconhecer e promover regularmente esses encontros – presenciais ou on-line, mais simples ou superelaborados – para garantir que a comunidade (e, por consequência, seus negócios) prospere e continue.

Preparei uma aula exclusiva para você que quer fazer o melhor evento da sua vida e deseja subir o nível de experiência do seu mercado. Acesse a guia "Eventos" em **www.alanspadone.com.br/formula** para assistir ao material completo, ou leia o QR Code a seguir.

CAPÍTULO 10

Considerações para a próxima estação da sua vida

Passamos as últimas páginas falando sobre discutir estratégias, planejamento e execução. Estudamos a mentalidade certa para conseguir passar por todas essas fases, vencer obstáculos e não desistir. Acredito que há algo em nosso interior, além de propósito e determinação, que nos impulsiona a seguir em frente. Tem a ver com fé. Percebi, nesses meus anos de carreira, que, quando as coisas dão errado ou demoram para acontecer, elas se tornam ainda mais necessárias.

É importante entender que passamos por fases em nossa vida – ou quatro estações, melhor dizendo –, e elas são passageiras. Nenhuma dificuldade, por exemplo, é eterna. Há um plano divino (ou espiritual, dependendo da sua religião) para você, do qual é impossível escapar – mesmo quando parece que tudo está dando errado. Há uma história bíblica que ilustra bem essa questão, e quero conversar sobre ela com você.

José era o mais sonhador dos doze filhos de Jacó. Ele foi vendido como escravo pela própria família e lançado à cova (primeira estação). Só Deus estava com José e, por isso, Potifar (um egípcio) o abrigou, levando-o para casa (a segunda estação). E, então, aconteceu outro revés na vida de José e ele acabou encarcerado (a terceira estação, assim, foi a prisão). Perceba como nessas três estações José viveu como um escravo. Por fim, a quarta estação é o palácio, a única em que aquele homem não é mais escravo – e que também é a mais longa.

A primeira estação, a cova, simboliza a pior situação que alguém pode enfrentar: falência, solidão, tristeza profunda. É quando você se vê diante de um problema aparentemente insolúvel, deixando-o sem saber como agir. É importante que você não se culpe por estar passando por um período desafiador. Muitas vezes, é parte do processo que o conduzirá ao cumprimento de seu propósito.

A segunda estação, representada pela casa, embora seja um lugar melhor do que a cova, ainda não é o ideal. José ainda é um escravo. A casa é um local de aprendizado, e ele estava aprendendo a lidar com a abundância, pois Deus o preparava para governar durante um período farto no Egito. Na casa, não é o momento de ser servido, mas de servir. Ela é um lugar seguro, e um período de trabalho e preparação.

Na terceira estação, a prisão, José aprendeu a controlar a escassez, pois sabia que sete anos de fome viriam após os anos de fartura. Na prisão, ele enfrentava comida escassa e um ambiente hostil. É um momento de teste emocional, pois José estava injustamente detido.

A prisão representa um local onde ninguém gostaria de estar. Você pode se sentir assim em algum momento, mas lembre-se de que as estações mudam, e essa também passará. Na prisão, José interpreta os sonhos do copeiro, que promete falar ao faraó sobre o caso dele para libertá-lo. No entanto, o copeiro se esquece de cumprir essa promessa. Talvez você já tenha experimentado a ingratidão daqueles a quem ajudou. Quando você estava na pior, os amigos e a família se distanciaram.

A quarta estação é o palácio, que representa o cumprimento do propósito em sua vida. É o melhor tempo, o reconhecimento de seu valor e autoridade. Representa a realização de sonhos, a prosperidade, perdão e restauração em vez de vingança.

Frequentemente, a vida nos leva a situações que não escolhemos, não desejamos e não compreendemos. Isso é inevitável. Mas lembre-se de que sempre temos a opção de fazer da nossa passagem por esses lugares indesejáveis, uma bênção. Assim como José aproveitou suas experiências na casa de Potifar e na prisão para se destacar, você também pode aprender a tirar proveito de situações desafiadoras e transformá-las em oportunidades.

Não importa em qual estação você esteja, Deus está no controle, o qual Ele nunca perde – e, para quem se mantém em movimento, o palácio está sempre chegando.

PROPÓSITO NÃO SE DESCOBRE, DESENVOLVE-SE

A minha história começou com uma pinça de 10 reais. Venho de uma família simples, e aos 21 anos me formei em Marketing. Trabalhei para empresas do setor farmacêutico e de cosméticos e percebi que, mesmo nas crises, esses setores se mantinham fortes. Então resolvi fazer parte disso. Tomei uma decisão.

Em algum momento da minha vida, parecia impossível simplesmente chegar ao fim do mês. Minha esposa Marcela e eu olhávamos para as dívidas, para a nossa casa, e tudo o que existia era a nossa confiança um no outro – e no papel que viemos cumprir neste mundo. Deus não poderia ter nos enviado para a Terra somente para lutar pela sobrevivência, sem transformar a vida de ninguém, sem melhorar o nosso entorno. Em algum momento, para quem via de fora, apenas fazer um pequeno salão de beleza com três cadeiras sobreviver parecia já algo muito grande.

Para nós, mesmo no momento de maior fracasso, nunca se apagou a luz da nossa missão. Eu sabia que deveria persistir, porque iria prosperar. Como diz o ditado: "Não sou dono do mundo, mas sou filho do dono". O que era nosso, nossa herança, estava guardado.

Busquei conhecimento, me desenvolvi e me profissionalizei em micropigmentação. Entendi que o fator chave que não só une, mas potencializa todos os outros, é saber trabalhar a transformação das pessoas usando da complementaridade do ON e do OFF, do físico e do digital, que hoje já não são facultativos.

Todo mundo já se perguntou um dia a razão da própria existência, o que nasceu para fazer, qual é o seu propósito. E essas questões geram muita ansiedade. Quando estamos dispostos, o propósito não simplesmente aparece, você o desenvolve. Eu precisei fazer um curso de cabeleireiro para entender que não tinha nada a ver comigo. Depois foquei maquiagem e sobrancelhas. E assim, por ter me mantido em movimento, aprendendo, estudando, o propósito começou a se desenvolver. Ser o maior micropigmentador do Brasil, e um dos maiores do mundo, não estava nos planos, mas se tornou um grande movimento de transformação na nossa vida, e Marcela e eu viramos, para além de empresários, agentes de transformação.

NUNCA DEIXE DE APRENDER

O desenvolvimento constante potencializa o sucesso, não importa em qual estação da vida você esteja. E isso não diz respeito apenas à técnica, estude também como aprimorar a sua mentalidade, o seu autoconhecimento, a sua conexão com a sua espiritualidade. A maneira como pensamos e vemos o mundo, a nossa essência, valores e

O desenvolvimento constante potencializa o sucesso, não importa em qual estação da vida você esteja.

@alanspadone

sistema de crenças refletem em nossas vidas. Só uma mentalidade de sucesso consegue construir o sucesso. Técnica, criatividade e mentalidade caminham lado a lado na construção da sua vida ideal.

O aprendizado foi algo tão importante na minha vida, que, desde então, eu registro, repasso e ofereço tudo o que aprendi em todas as oportunidades que tenho. É a coisa mais bonita sobre o conhecimento: compartilhar não tira nada de você; pelo contrário, quem divide conhecimento o multiplica. Quando faço um curso de que gosto no exterior, por exemplo, faço questão de trazer aquele conteúdo para o Brasil. Quando passo por uma dificuldade que se prova uma lição de vida, incluo nas lives, nos treinamentos. Acredito que as mesmas coisas que transformaram a minha realidade podem transformar a realidade de muita gente – e essa é a minha missão de vida. Quanto mais entrego, mais recebo, e não preciso me preocupar mais com a sobrevivência desde que entendi essa dinâmica.

São mais de doze anos empreendendo e ensinando, equipando e principalmente inspirando milhares de pessoas a conquistarem resultados incríveis, se profissionalizarem e se tornarem referência em suas regiões. Ser professor e mentor é uma grande realização na minha vida, e foi daí que este livro nasceu. E sou muito grato a você por ter embarcado nesta jornada comigo.

Quer saber mais? Acesse o QR Code a seguir. Antes de nos despedirmos, porém, tenho uma última palavra para você.

CAPÍTULO 11

Faça acontecer

Ao longo do livro, falamos de gestão, liderança, vendas, lançamento, marketing, e acho que ficou claro que quase tudo isso depende da sua autoridade em uma determinada área. E essa noção sempre gera alguma confusão, porque quem está começando não sabe como fazer essa base. Como você pode ter autoridade se está abrindo a empresa ou prestando o serviço agora?

Claro que ser a pessoa mais respeitada no seu campo é algo importante. Na verdade, é o objetivo que deveria nortear suas decisões durante todo o processo de construir a sua empresa. A construção de autoridade é um dos investimentos mais rentáveis para alguém. Mas, olha, vou ser direto aqui: não adianta só ficar lendo o cardápio se você não vai pedir a comida. Tem gente por aí que pensa que lendo o cardápio mil vezes vai satisfazer a fome. Ou que lendo o manual cinquenta mil vezes vai realizar um procedimento perfeito. Não é assim que a banda toca. Você precisa ler uma vez, absorver, e depois ir lá e fazer acontecer. Só o resultado gera autoridade.

O processo é uma ponte que você precisa cruzar, e nem todo mundo tem a coragem de fazer isso. É quando você ouve algo em uma aula, por exemplo, e coloca em prática. É agir, entrar em ação. Existem duas opções, e cada ser humano pode escolher qual caminho seguir. De um lado da ponte, temos os vitimistas, os acusadores, os *haters*, ou até aqueles que não acusam ninguém, mas também não fazem nada de produtivo. Eles só ficam ali, no modo leitura, acumulando conhecimento como se fossem um Google ambulante, mas não geram resultados na vida de ninguém.

Será que, ao iniciar a prática, tudo vai dar certo? Não, claro que não. Alguns planos vão falhar, é normal. O importante é ir ajustando, criar o seu próprio jeito de fazer as coisas, e, quando você começa a gerar resultados, a transformar vidas, seja vendendo mais cursos, realizando procedimentos, o que for, as pessoas passam a respeitar você. O que importa são os resultados.

A boa notícia é que você tem o poder nas mãos para gerar resultados. Pegue todo esse conhecimento valioso do livro e faça acontecer, cometa erros, porque, veja bem, uma criança só avalia o quanto vai correr depois de cair algumas vezes. Você já foi criança um dia e sabe disso (principalmente se for responsável por uma). Então, por que você está evitando cair nos negócios? Cair faz parte, é só assim que você vai aprender a andar. A criança está desenvolvendo seu equilíbrio, determinando até onde pode ir e o que não pode fazer. E você, nos negócios, por que não está fazendo isso?!

O MEDO É MAU CONSELHEIRO

Não deixe o medo paralisar você. Não deixe o sonho ser apenas um sonho, desistindo do seu negócio antes mesmo de tentar. Sei que é difícil pensar na vida ideal quando estamos soterrados de atividades, obrigações, dívidas e responsabilidades – e pouco ou nenhum dinheiro para se arriscar em uma empreitada. Mas já passei por tudo isso e posso dizer: é possível. Você consegue, e eu acredito em você.

Eu tinha um emprego bom, mas que não me trazia o retorno que eu queria e nem me permitia ter tempo de qualidade com a minha família. Quando me apaixonei pela micropigmentação, eu hesitei, questionava como ia fazer para isso dar certo. Até que parei e me perguntei o que eu faria se não tivesse medo. A possibilidade de dar certo me encheu de coragem. Dei um basta no meu medo. Eu não iria mais procrastinar a minha felicidade.

A decisão de lutar pelos seus sonhos deve ser diária. Faça o que precisa ser feito, e isso nem sempre é fácil. A decisão de dar certo pode ser assustadora, mexer com tudo o que você mais temia, mas, a partir do momento em que você toma a decisão, o resultado vem.

Sempre soube o que me movia: minha família e meu desejo de transformar vidas. E olhar para isso sempre me deu gás para continuar. Descubra o que faz você se mover e comece a aplicar capítulo a capítulo. Você pode ser e ter tudo aquilo que sempre sonhou.

Tenho certeza de que se você seguir pelo menos 1% do que estamos tratando neste livro, terá resultados. Se não tiver, pode me cobrar! Eu fecho minha empresa, rasgo todos os meus certificados. Minha empresa fatura muito por ano, mas isso só aconteceu porque as pessoas me respeitam devido aos resultados que entrego. E acredite, você também pode gerar resultados!

Você precisa se mover, sair da sua zona de conforto e começar a andar. Deus age quando você está em movimento, não quando está parado. Portanto, levante e comece a andar. As coisas vão conspirar a seu favor à medida que você se move.

Agora, depois da leitura deste livro, você tem todas as ferramentas de que precisa para ter sucesso. Não é aceitável que você não viva uma vida extraordinária, mas, para isso, é preciso pagar o preço e fazer acontecer. Está esperando o quê, então? Vá à luta! Acredite no seu potencial!

Se apenas com este livro você já tem as ferramentas para promover uma mudança significativa na sua vida e nos seus negócios, imagine o que conseguirá alcançar comigo e com meu time olhando para o seu negócio de forma estratégica durante um ano. Todo negócio tem o poder de se tornar um enorme ecossistema, e é muito mais fácil trilhar esse caminho na companhia de quem já conhece a trajetória.

Na guia "O Próximo Passo" do site **www.alanspadone.com.br/formula** há um convite para você que chegou até o final desta leitura. Leia o QR Code a seguir e assista agora mesmo à apresentação do maior grupo de negócios para empresários que desejam deixar sua marca no mundo por meio de um ecossistema de empresas.

EXTRA: O PODER DAS FRANQUIAS

Por José Carlos Semenzato

Fiquei honrado pelo convite do Alan para contribuir com um complemento fundamental para este livro que ensina a escalar negócios para que se tornem milionários através do modelo que é minha especialidade: as franquias.

Um dos pontos mais fascinantes do mundo do *franchising* é o fato de o modelo de negócio permitir a construção de uma rede com milhares de pontos de venda, fortalecendo a marca e agregando processos e sistemas de informação, sem que isso comprometa o padrão de qualidade dos produtos ou serviços.

Além disso, e o que realmente vejo como diferencial, é o fato de as unidades de franquia terem proprietários cuidando com afinco das lojas – os seus próprios empreendimentos – como se fossem efetivamente os donos daquela marca. Além de essencial para o sucesso das unidades, essa dedicação dos franqueados se reflete no sucesso da franquia como um todo, constituindo, dessa forma, um círculo virtuoso em torno da marca.

Os atrativos do modelo de *franchising* são tentadores para a maioria dos empresários bem-sucedidos em seus negócios, o que faz com que muitos pensem em transformar seus empreendimentos em redes de franquias. Aliás, isso ocorre com muita frequência: ao perceber que o negócio engrenou, o empresário logo começa a cogitar sua expansão no modelo de *franchising*. O problema é que nem todo empreendimento que dá certo em determinado local e sob certas circunstâncias está, necessariamente, destinado a funcionar e ser lucrativo em outro lugar, influenciado por outras variáveis – outro ponto comercial, outros gestores e colaboradores e, principalmente, outros consumidores.

COMO O EMPRESÁRIO PODE SABER SE O SEU NEGÓCIO TEM POTENCIAL PARA SER EXPANDIDO NO FORMATO DE FRANQUIA?

Qualquer que seja o caso, uma coisa precisa ficar clara: antes de se iniciar qualquer processo de expansão, é preciso ter certeza de que o negócio, seja a primeira ou a segunda loja, esteja totalmente preparado para crescer.

COMO AGIR PARA NÃO PULAR ETAPAS E ARRISCAR COLOCAR A PERDER TUDO O QUE FOI CONSTRUÍDO?

O primeiro aspecto a se considerar é se o negócio já está em operação há algum tempo e, como costumo dizer, saber se caiu nas graças do consumidor. Sim, um negócio só é bom quando cai nas graças do consumidor, e isso está diretamente ligado ao fato de este empreendimento solucionar uma dor importante do consumidor, seja por meio de um produto ou um serviço.

Essa percepção sobre o sucesso (ou não) do negócio é fundamental e pode ser medida a partir de vários pontos, como a qualidade dos produtos e/ou serviços oferecidos, a escalabilidade do empreendimento, sua precificação, suas margens de lucro etc. Em resumo: não se pode avaliar se um negócio deu certo ou não com base em apenas uma dessas variáveis – tal análise deve englobar e considerar o maior número de indicadores possível.

Ainda assim, depois de confirmar que tem um negócio desejado e lucrativo, o empresário ingressa em outra fase da avaliação, talvez até mais importante do que as iniciais: antes de franquear, é fundamental saber se o empreendimento oferece margens suficientes para remunerar toda a cadeia que envolve um modelo de franquia – franqueador, franqueado, colaboradores e fornecedores.

Além disso, o candidato a franqueador também precisa analisar o que seu negócio tem a oferecer aos potenciais franqueados. Neste particular, os principais indicadores a serem considerados na análise de viabilidade são lucratividade, investimento, escalabilidade, complexidade da operação, tributação e taxa de retorno. Mas o ponto mais importante a ser analisado é o prazo de retorno do investimento. O ideal é que este prazo fique entre 12 e 36 meses, o que certamente fará com que sua taxa de retorno seja melhor do que os investimentos conservadores do mercado, tendo ainda como benefícios a criação de emprego e renda para franqueado e colaboradores e a geração de impostos e riquezas para o país.

Vencida essa etapa, pode-se finalmente iniciar a formatação do negócio. Este estágio inclui o desenvolvimento dos manuais operacionais e de marketing, a criação de estratégias comerciais, a elaboração de estudos de geomarketing e, por fim, a preparação da Circular de Oferta de Franquias (COF), preferencialmente com o apoio de um bom advogado que conheça a Lei do Franchising.

Em todo o processo, é preciso estar claro que o fundamental é fazer o negócio piloto dar certo. Ou seja, se o empreendimento ainda não está consolidado, eventualmente cambaleia e, por vezes, até decepciona – não há como se pensar em franqueá-lo. Para ser franqueável, uma marca deve ser, antes de tudo, bem-sucedida e consolidada.

Quando esse estágio for alcançado, pode-se contratar uma consultoria especializada em franquias para auxiliar na análise sobre o potencial de escalabilidade do negócio. **Como Spadone cita, franquia é o passo mais seguro para a criação de *equity* e riqueza de qualquer companhia,** por isso ele criou uma consultoria específica e voltada ao suporte, apoio e alavancagem para empresas construírem franquias dentro do ecossistema.

Além disso, a própria Associação Brasileira de Franquias (ABF) e outras organizações e entidades oferecem cursos que podem ajudar – e muito – no processo inicial.

Também é importante saber que nem tudo é franqueável. Este, aliás, é um grande erro de muitos empreendedores, que acreditam que, para criar uma marca de sucesso, basta fazer um "copia e cola" de um negócio similar ou concorrente e pronto.

AGORA, PENSANDO SOB O VIÉS DO FRANQUEADO, COMO ELE PODE EXPANDIR SEUS NEGÓCIOS APROVEITANDO-SE TAMBÉM DOS ATRIBUTOS DO MODELO DE *FRANCHISING*?

Para quem já experimentou com sucesso a gestão de uma franquia, um caminho natural e promissor para ampliar seus ganhos sem correr tanto risco é o modelo de empreendedor multifranqueado (ou até multissetorial).

A ideia é que o empreendedor tenha a capacidade de gerir várias unidades franqueadas, usando a sinergia entre os diferentes empreendimentos para gerar benefícios em prol do modelo de negócios coletivo. A sinergia é obtida na medida em que o empresário consiga gerir acima de cinco lojas franqueadas, mantendo para isso um único time de gestão, incluindo áreas como administração, departamento pessoal, recursos humanos, marketing, finanças, compras e logística.

Além do benefício da escala que passa a ter, o empreendedor também pode diversificar em setores diferentes, conseguindo pulverizar os riscos, uma vez que dificilmente haverá três ou quatro segmentos em baixa ao mesmo tempo. Em suma, é possível empreender e se tornar um grande empresário gerindo várias franquias e – por que não? – várias marcas, usando uma única estrutura de gestão e agregando muito valor às operações.

Para quem vislumbra no *franchising* uma oportunidade de investimento, deve-se destacar que franquias de marcas sólidas costumam gerar um retorno de 2% ao mês, sendo uma boa alternativa para a parcela de maior risco de uma carteira de investimentos. Para um investidor financeiro que possui um portfólio de investimentos, a franquia deve estar dentro do percentual que ele pretende alocar para *equities*, ou seja, na parcela que também contém suas aplicações em bolsa.

O aporte em franquias, apesar de ser também um investimento em uma empresa – assim como a compra de ações na bolsa –, dá ao investidor mais autonomia para poder tocar e acompanhar de perto o negócio, trazendo a possibilidade de dividendos mensais e consistentes, algo que nem toda ação na bolsa é capaz de oferecer. Para exemplificar este ponto acima, um portfólio agressivo chega a ter de 50% a 60% do capital alocado em *equities*, seja ele privado ou público (bolsa). É dentro desses 50% a 60% que devem estar os investimentos em franquias.

Obviamente, é muito importante mencionar que esse racional é válido apenas para investidores. Quando estivermos falando de um franqueado que vai operar a loja, na maioria das vezes esse pode ser seu único investimento – ou ele pode ter de aportar praticamente todo o seu capital. Nesse caso, temos de comparar isso com qualquer outro início de empreendimento, como, por exemplo, a fundação de uma startup. Aqui, o principal benefício da franquia é que o investidor pode empreender com um risco de fracasso muito menor, pois a marca já é mais forte e o modelo de negócio já foi testado e validado, além do fato de poder contar com todo o suporte dos fundadores e seus times.

Nesse caso, além de poder contar com dividendos consistentes, o investidor também pode crescer seu negócio de franquias tornando-se um multifranqueado e criando valor no *equity* desse investimento. Isso faz com que ele possa, no médio/longo prazo, vender essa operação por um preço que lhe traga uma valorização muito boa em relação ao valor investido inicialmente.

Uma franquia, quando operada de maneira organizada, profissional e com governança – 100% formalizada e sem grandes contingências –, também pode um dia ser recomprada parcialmente ou até totalmente pela franqueadora. Apesar de esse movimento ser menos comum, quando acontece também pode trazer um ganho substancial atrelado à valorização das ações do empreendimento que vem com o crescimento.

Por fim, olhando por outro prisma, aproveito para deixar a minha recomendação para quem procura uma franquia para investir ou empreender: antes de assinar qualquer documento ou fazer qualquer investimento, descubra quem está por trás da marca, pesquise sobre sua tradição no setor, sua credibilidade e, principalmente, converse com outros franqueados da rede. Essa pesquisa prévia é vital para que o potencial franqueado conheça a verdadeira realidade da franquia.

Este livro foi impresso em papel lux cream 70g/m² pela Edições Loyola
em março de 2024.